大森久雄

山の本歳時記

ナカニシヤ出版

山の本歳時記　目次

山の本歳時記

写真＝新妻喜永

はじめに──山の本に季節を求めて

花綵《かさい》列島という言葉がある。花綵《はなづな》（草花を編んでつくったつな）のように並ぶ弧状列島のこと。英語なら festoon islands。千島《ちしま》から琉球まで、その形で並ぶ日本の愛称にもなっている。きれいな、いい表現だと思う。フランスは国の形が六角形なのでレグザゴーヌ「Hexagone という別称があるけれども、無味乾燥で、それにくらべれば、花綵列島とは、だれが名付けたのか、なんとも好ましい。

そしてそのきれいな名前の国土には、その名前に恥じない、彩り豊かな山々がひしめいている。そしてまた、その山々をいっそう魅力的にするのが、四季の味わいである。北海道から琉球まで、面積はわずかでも、これほどに色彩の豊かな、四季の変化の鮮明な国はそう多くはないのではないかと思う。そのうえ、北海道が吹雪いているときに琉球の島々の海では裸で遊ぶことができる多様性はすばらしい。夏、スイスで雪の山を登り終えて数時間の後にレマン湖のほとりに出てきたとき、そこで泳いでいる人を見て、スイスの季節的な垂直分布の幅の広さを実感したことがあるけれども、日本なら南北の、水平分布の広がりで負けてはいない。それに、季節の変化やそのさまざまな現象を言い表す言葉はどこの国にだってきちんとあるのだろうが、日本語は、その点でも遜色がないと思う。

寺田寅彦に「日本人の自然観」(『寺田寅彦随筆集』第五巻所収)といういいエッセイがあるが、そのなかで、春雨、五月雨、しぐれなどは外国語に訳せないのではないかと言っている。春一番、菜種梅雨、花冷え、花曇り、八十八夜、二百十日なども同じである。いずれもじつにいい言葉だと思う。松籟、麦秋、木枯らし、風花そのほか、この種の言葉が豊かなのは、やはりそれだけ日本の季節や自然の風物が繊細で豊かだからだろう。

そうした自然をわたしたちの祖先はみずみずしい感覚で受けとって、みごとな文章表現として残してくれた。『枕草子』はその典型だ。「春はあけぼの。やうやうしろくなり行く、山ぎはすこしあかりて、むらさきだちたる雲のほそくたなびきたる。」そして、夏は夜、秋は夕暮れ、冬はつとめて（早朝のこと）とつづくのはご存じのとおり。これはすばらしい感覚だ。本をあけたとたんに「春はあけぼの」なんていう表現が飛び込んでくる斬新さ。そこからは、空気の触感まで伝わってくる。そして、都会化が進んで、こうした自然や四季、あるいは一日の光のうつろいもすっかり縁遠くなってしまった生活のなかでも、山にいればそういうものを素直に受けとることができる。つまり自然の風物を受けとる感覚は、山に登る人ならば、意識しないで、それこそ自然に身につけてしまうのではなかろうか。

日本の山は季節によってその魅力をいくつにも変えるが、そうした山からはまた、季節の彩りを鮮やかに描きだしたり、的確に表現したりして、山の雰囲気を爽やかに伝えてくれる文章がたくさん生まれている。そうした豊かな世界を、季節を追ってたのしんでみたい。先人は歳時記という絶妙な世界をつくりだしてくれた。ここではその知恵を拝借して、季節の山をたのしむことにしよう。そこからは、山に登ることによって受けとれるさまざまな喜びや、日本の山の魅力があふれでてくるにちがいない。そしてかならず、山に行きたいという、山への思慕が湧き起こってくるにちがいない。ただその前にちょっと困るのは、日本は南北に長く、季節が一様ではない。それに、山も高い低いがあって、同じ季節でも姿がちがう。つまり、水平と垂直の双方にちがう条件で広がっているのだから、季節の話題をとりあげても、どの山にも一律に通用するというわけにはいかない。さらにもうひとつ気になることがあって、寄り道だが、言葉は時代によって意味を変えてしまうことがある。たとえば、真夏日という言葉。最高気温が三十度Cを超えた日のことというのだが、文芸評論家の山本健吉は、斎藤茂吉の歌（『あらたま』所収「寂しき夏」）をひいてこの使い方に異議を唱えている。

真夏日《まなつひ》のひかり澄み果てし浅茅原《あさぢはら》にそよぎの音のきこえけるかも

ここにある「真夏日」は「真夏の太陽の照りきわまったもと、耳を澄ませば、葉のそよぐ音がきこえるというのだ。何か、この世の景色ではないかのような、静寂のきわみの世界である。（略）少しもいやな連想を伴わない。それを嫌悪すべき、不快感を伴う言葉にしてしまったのが、気象庁のとり決めである。せっかく茂吉のような詩人が、日常用語を洗練させ、（略）美しい詩語としてうち出したものを、学者ってしようのないものだ。（略）これが歳時記で、気温三十度以上の日などと解説されるようになったら、もうおしまいだ」（『ことばの歳時記』）と言うのである。

なるほど、たしかにそういうことは言える。宵の口という言葉も、時刻の範囲があいまいだからなのかどうか、消え去る運命をたどりそうな気配である。せっかくの季節や時刻の味わいのある表現も、世界に誇れる繊細な感覚も、現代科学の前にはふるい落とされてしまう。山の本から選び出す歳時記には、こうした野暮なことは起こらないことを願って、山と山の本とが恵んでくれる季節の彩りを巡ってみよう。

〔一月〕

冬の山旅、冬の山宿

一月。睦月《むつき》。年の初め。もう何十回とくりかえしてきているのだが、それでもやはりなんとはなしに気分が改まる。そして初《はつ》歩き、初山登りの計画にこころが動く。若いときには、年末から雪の山に入り、押し込められて混雑する山小屋で、あるいは雪の尾根にはった天幕《テント》のなかで、年明けの山への期待に胸をはずませていた。正月は雪の山で、というのがあたりまえのような時期があったものだ。それももう遠い思い出の世界のことだが、しかし、初歩きへの期待が衰えることはない。

初日の出、初詣で、初釜、初夢、初場所、初荷、初売り、書初《かきぞ》めに出初め式。さらに初笑いに初泣きもあり、年が明ければなんにでも初がつくのだから、年末の歩き納めを無事に終えたその後の、年の最初の山登りは初山歩き、あるいは歩き（登り）初め。そして登りついた山頂は初登頂（?）。

その初歩きは、ぜいたくは言わないが、少しは雪のある、日当たりが良くて、人気《ひとけ》のない静かな雑木の山か草原の山で、遠くに真っ白な高い山を望むようなところ。日帰りでもいいが、できることなら、ひなびた山村のぬくもりのある山宿を軸にして。それはまた、山登りというよりも、むしろ冬の旅でもある。シューベルトの『冬の旅』はわたしも大好きだが、そのミュラーの詩は、恋にも人生にも希望を失う若者の悲痛に埋まっている。二十四曲を聴いていると、その途中で、くよくよするな、元気をだせ、と背中を押してやりたくなるくらいだが、山を行く人の冬の旅は、人生の憂愁は隠し味にして、明るくつよく、朗らかである。

「行く年を、笠着てわらじはきながら過ごせた芭蕉は、旅人として全く恵まれた人だったと、羨ましくなる。私の場合は、大晦日の夜遅くスキーをかついで駅へ駈けつけるのがやっとで、それも近ごろの交通混雑では、まず望み薄である。」

と始まるのは、川崎精雄《まさお》の「小さな「冬の旅」」(『雪山・藪山』所収)。

「珍しく大晦日に暇を得たので、正月にかけて小さい旅をしようと思った」という作者は、娘をつれて東京の西、中央線の上野原《うえのはら》(山梨県)から秋山川の山里をへて道志《どうし》川の谷に、小さな山越えをして歩いて行く。途中の山里の道でみかん箱を背負った中学一年くらいの少年に追いつく。湘南の海辺にいる兄が送ってくれたというみかんを何里も向こうの上野原まで受け取りに行って帰るところだという。少年は重さがこたえるのか、寒空に汗を流している。親子のほうは、今夜の宿がどこにあるのかわからない、人影のない、寒々とした山里の道を急ぐ。

「夜の霜を呼ぶ寒気がぐっと迫って」くるころ、宿にたどり着く。そこに立ち話をしている女の人に泊まりを頼むと、ふりむいただけで黙殺されてしまう。大晦日の客なんて迷惑なのだろうと気がひけていると、老人が出てきて応対してくれた。

翌日は元日。山祠《やまほこら》や炭焼きの窯《かま》を見ながら藪のあるわかりにくい山道を登り、尾根に出るころ、気温がさがって雪が降り出す。

「雪は恐ろしくないが、この笹の原で濡れることは女連れの場合、避けるのが賢明だ」と、道志の谷に下ることにする。目の前の蛭《ひる》ヶ岳や大群《おおむれ》山は雪雲の中だ。

「長いこと山腹の道を辿って、しぜんに出たのは大椿という人家のある所だった。もう道も畑も真白に変った。雪が降れば、それなりに景色のよい山里の正月だ。人っ子ひとり歩かない元日の道。私たちは旅人という気分で、その道のまん中をゆく。」

そしてたどり着く二日目の宿では、数人の山の仲間と再会する。小さな山でなければ味わえない、寂しいけれども落着いてこころ豊かな冬の旅である。

もうひとつ、別の冬の山旅。少し長いけれど全文を。

「雪は昨夜から降りつづけている。

ここは、木曾の開田村、ここから飛騨へ越そうとする計画を知った宿のおかみさんは、その素朴な顔に驚愕と憂慮の色をいっぱいにみせて、峠越えの難渋さをしきりとときい、思いとどまるようにとすすめる。

決して、無理はしないから——と約束をして宿は出たものの、村はずれにさしかかってとぎれとぎれの白い道が漠々たる空間の中へ消え去っているのをみたとき、さすがに、心細くなってきた。いま、たよりに思うのは過去につづけた山登りの経験と、二、三日前に飛驒からこの峠をこして木曾へ米を買いにきた人があったというはなしだけである。

もとより、その踏み跡など、この霏々《ひひ》とふる雪のなかに残るわけがない。

それから、数時間、吹きつける雪の中に目をこらし、こごえる指で地図を按じ、おそいかかる風に背をまるめ、たんねんに片足ずつを雪中からひき出すような動作をつづけねばならなかった。

そして、とうとう峠を飛驒へと越えた。飛驒といっても、そこは地形図の上での飛驒であって、暖かい火の傍へ腰をのばすには、なお、十キロをはるかに越す谷ぞいの雪道をひらかねばならなかった。

その途中で、はじめてその男と出会った。

ぼくと、ほおかぶりのその男とは立ちどまって、話をした。

彼は野麦の村へ貸金《かしがね》をとりにいった帰りだという。――

ぼくは旅のえかきだとこたえる――。

二人は一本の枝の上で出会った二匹の蟻のように挨拶をかわすと、おたがいに相手がつくった踏み跡へうれしく足をふみ入れた。

こうして、「みち」は出来あがった。

ぼくのたどった彼の道は上ヶ洞の村までつづき、そこでは御定宿とかいた古風な行燈を苦もなくみつけだすことができた。」

（上田哲農『山とある日』所収「峠越え」）

＊

冬の山ももっと高く厳しい山になればすっかりちがった顔を見せるようになる。山旅ではなく、アルピニズムといわれる世界ではどうなっているのか。

「一月一日。正月などは、どこにも見つからない。したがって年をとるのも止めだ。昨日と同じ雪の世界は真白である。年をとりたい人や竹の節のようにお正月にもってきてくぎりをつけたい人は勝手に節をつけるがいい。こっちは勝手なところでくぎりをつけて、年は生れてから死ぬまでを一つと算えることにする。一体日本人は早くもったいぶったり容態ぶったりしたがる。したがって三十越すともう並のかけ足さえできないで、家鴨のようなようすで電車を追いかけている。みんながしないから、俺もしないでいいと思っているらしい。勝手に自分で年をとって、俺にはそんな暇はないとかもう大人だからとかいっている。運動をしないから自然をほんとうに知らない。したがって屁理屈と机上の空論がむやみと多くなる。他人の思想をそのまま右から左に受けついで蓄音機となる人や、他人の考えを筆にしてタイプライターとなる人が増す。運動をしない人間は運動に口を出す資格はない。いな青年の気分を解する資格がない。自然に接し得ない人間は片輪である。自分の頭の空虚に気がつかず、外見大人になって内容のない議論をされてはやかましくていけない。一人で雪の中に立てば自分の馬鹿がわかる。浮草のような根のない理屈が馬鹿げてくる。もっと子供になったほうがいい。自分の頭の空虚を知った子供にはさきがあるが、うぬぼれで錆がついた大人の前途は世の障害となるばかりだ。見ろ、雪の世界に立つと雪があるばかりだ。」

一九二三年一月、吹雪の立山松尾峠で遭難死亡した板倉勝宣《かつのぶ》の「五色温泉スキー日記」（『山と雪の日記』所収）から。正月になるとだれもがいっせいに年をとった時代の話である。板倉は学習院から北大に行ったが、山もスキーもパイオニアの活動で、育ちのよさからくるのか、明るく開放的で歯切れのいい山の文章を残している。次の一節はその典型。

「山に行く人々は、早くスキー場を棄てなければ駄目だ。宿屋で楽に滑りたい人々に、吹く方も鼻の長さも譲って、山男は常にリュックとロープとクリッパーとピッケルをもって、黙って山へ入って行くがいい。吹くなら蒼氷の上で吹いてもらいましょう。えばるなら吹雪の中でえばってもらいましょう。」

（『山と雪の日記』所収「雪の信飛連山とスキー」）

＊

時代はさがって一九三九（昭和十四）年十二月末の穂高岳白出乗越《しらだしのつこし》。いま穂高岳山荘のあるところ。ひどい吹雪にテントに閉じ込められた大学山岳部の一行。調子を崩したメンバーが風雪のなかを下山。残ったふたりが八人用のテントに籠城するのだが、「すこぶるひろびろとし、淋しさが、ヒシヒシと押しよせて来てやりきれない。」そこで名案。テントのなかの品物に名前をつける遊びを思いつく……。

「「よかろう……うん、こっちの奥穂側にあるものは奥ケン、涸沢《からさわ》岳寄りは、涸《から》ケンとしようじゃないか」（注。松本の花街、南ケン、北ケンからの連想。ふたりは旧制松本高校の卒業）

命名は、熱心に、かつ愛情をこめておこなわれた。コッフェルはマメギク、オシャモジはコヤッコ、深鍋はタケチヨという調子である。（注。いずれも松本の花街の芸妓の名前）

「おい、ツルチヨよこしとくれよ」

「よしよし」

そういって、ピンスケが包丁をとってくれるのである。

「いけねえ、クミちゃん知らねえか」

「ここにいるぜ」

シュラフの下から、僕が、缶切りをつまみ上げるといった具合だ。荒涼としたテントは一変して、シンデレラの魔法にかかったように、花咲き鳥歌う桃源郷を現出した。」

数ある山の文章でおよそこれほどに、きびしい冬の高山の滞在を軽快に、底抜けに明るくたのしく描いたものはない。異色の名作。日本の山の文章ベストテンを選ぶとしたら、そのひとつに入れたいくらいだ。朝比奈菊雄「穂高山冬季登山」（『アルプス青春記』所収）である。

「元日の朝、八時、つぶれたテントはそのままにして、穂高小屋へ引越しをする。風に飛ばされないよう、ピッケルにしがみつきながら、家財道具を何回かかかって運ぶ。小屋から顔を出したのは、まだ一パーティだけ残っていた立教の人たちだ。」

そして小屋に入ってしまえば……、

「もう、奥ケンも、涸ケンもない。小屋のすみに、魔法が解けたしらじらしさで、味気なく正体をあらわしたシャモジや、ラジウスが並ぶ。タケチヨだけは、一つだけ離れて置かれている。可哀そうに、彼女は、もう永久に、もとの仲間に入れてもらえそうにない。」

なぜ仲間に入れてもらえないのか、それはテントのなかでの椿事によるのだが、それは原文を探して読んでもらわなくてはならない。探しだすのにどんな苦難があっても、それは読むに値するケッサクである。

＊

一九五一（昭和二十六）年一月十五日。快晴の上高地徳沢。

「あまりの寒さに思わず飛び起きてしまった。水銀柱は氷点下二十八度を示している。室外は三十二度だ。久方ぶりに見るモルゲンロート、神の生まれ出る姿、ただ一面に氷と雪、そして大雪原が、氷の岩峰が一瞬にして形容のしがたい美しい真紅の絵具でぬりつぶされる。その瞬間は何人《なんびと》といえども頭が下るだろう。

いったいこの景色を何人の人たちが知っていることだろう。おそらくこの姿に接した人は数えるほどしかいないと思う。私は自然と涙がわき出てきた。山にいる喜びと旭光とが、私の魂の底に貫いていたのだろう。

私には、この神々しいまでに美しく厳かな光景を、一目でも見せたい人がいる。

いつも私が山に出かける時、心配そうな顔をしてかならず家の門まで送ってくれる母親だ。なぜあんな重い荷を背負って苦労しながら山へ行くのだろうと不思議がり、また心配してくれる母親に、このモルゲンロートの一瞬間を見せたら、いったいなんというだろう。

一度でよいからぜひ見せてあげたいものだ。おそらく危険を冒して冬の山などに来る人は、一度はかならず私と同じ考えで永い一夜を明かすのだろう。（略）」

「一月十七日（晴）

夜明けにピィーンピィーンという奇妙な音で眼が覚めた。この五日間は晴天が続き毎日毎日寒いので、瓶に詰めてある水などが凍結して瓶が割れる音だった。それに昨朝などは沸騰した雪（水は涸れてしまうので雪を溶かして湯をつくった）の表面に、見るまに薄氷が張った。また、炊き立ての飯の一粒一粒に氷が張り、シャリシャリしてどうしても食べられなかった。」

いずれも、芳野満彦『新編　山靴の音』所収「雪山をみつめて」から。十九歳で徳沢小屋でひとり越冬しているときの話。水がないため三ヶ月も四ヶ月も風呂に入らず、食器は洗わず、衣類は雪解け水で数ヶ月ぶりに洗ったときには、垢で黒光りするほどだった。

＊

冬の山旅、冬の山宿の最後は一月三日の八ヶ岳山麓。冬の山旅の忘れがたい一日の滞在を描く詩で、初めて読んだときからわたしの頭にはその地名が鮮明に刻み込まれた。そしてその土地の宿で冬の一夜を過ごすという幸せな追体験ができたのは、それから三十年ほどもたってからのことだった。

山里の宿に泊まった冬のその日のことを詩人は愛惜の念をもってうたう。

一里むこうの大深山《おおみやま》はまだ華やかな夕陽《ゆうひ》だが、
山蔭はもうさむざむとたそがれた御所平《ごしよだいら》。
四つ割の薪を腰に巻いて、
注連縄《しめなわ》張った門松に霜がちらつく御所平。
海ノ口への最後のバスが、
ラッパ鳴らして空《から》で出て行った御所平。
腕組みしておれをながめる往来の子供たちが、
みんな小さい大人のようだった御所平。
楢丸一俵十八銭の手どりと聴いて
ご大層なルックサックが恥ずかしかった御所平。

それでも東京の正月を棒にふって、
よくも来なすったと迎えてくれた御所平。
ああ、こころざしの「千曲錦」の燗ばかりかは、
寒くても暖かだった信州川上の御所平……
そのなつかしい御所平を、
味気ない東京の
夜の銀座でぼんやりおもう。

（尾崎喜八『山の絵本』所収「御所平と信州峠」）

〔二月〕

幻覚？　それとも真実？

二月。如月《きさらぎ》。冬の盛りである。南の地方の一部を除けば、山はどこも雪の世界だ。雪は天から送られた手紙、という中谷宇吉郎の言葉（『雪』所収「雪を作る話」）はよく知られているが、わたしたち山に登る者にとって、雪は天から与えられた恵みである。雪の山に登るたのしさ、おもしろさを経験した者は、もうその魅惑から逃れることはむずかしい。そして、雪の山での雪洞《せつどう》やイグルーの滞在を経験してみれば、雪のもつ予想外の温かさを知ることができる。

雪といってすぐに思いだされる作品は、三好達治の有名な二行詩「雪」(『測量船』所収)。

太郎を眠らせ、太郎の屋根に雪降りつむ。
次郎を眠らせ、次郎の屋根に雪降りつむ。

森閑とした夜の闇のなかに、深々《しんしん》と雪が降りつづく。その雪は、さらさらとした粉雪、あるいは大粒のぼたん雪だろうか。屋根は茅葺きにちがいない。いずれにしても、この二行詩に降る雪には、太郎や次郎を安らかに眠らせてくれるぬくもりがある。
さらにまた、すばらしく華やかな雪も降る。

雪はふる！　雪はふる！
見よかし、天の祭なり！
空《そら》なる神の殿堂に
冬の祭ぞ酣《たけなは》なる！

たえまなく雪はふる、
をどれかし、鶫等《つぐみら》よ！

うたへかし、鵯等《ひよどりら》！
ふる雪の白さの中《なか》にて！

いと聖《きよ》く雪はふる、
沈黙の中《うち》に散る花瓣《くわべん》！

雪はふる！　雪はふる！
白き翼の聖天使！

われ等が庭に身のまはりに
ささやき歌ひ雪はふる！

冬の花瓣の雪はふる！
地上の子等の祭なり！

（堀口大學『月光とピエロ』所収「雪」から。一部省略）

雪はその純白によって清浄な世界を象徴するが、その一方、雪は多くの障害を生活にもたらし、冬の山に登る者にとっては、吹雪や雪崩に代表される手ごわく恐ろしい相手でもある。雪のもつ温かさと冷酷というこの二面性を象徴的に語っているのが、ラフカディオ・ハーン（小泉八雲）の「雪おんな」（『怪談』所収）。

＊

さて、山登りの世界に「雪おんな」はどんな姿で現れるのだろうか。

冬の山登りが開拓期にあった一九二三（大正十二）年一月、特筆されるスキー遭難が起きる。槇有恒《まきゆうこう》、三田幸夫、板倉勝宣《かつのぶ》という、当時の最先端を行く三人が立山松尾峠で吹雪に遭遇、板倉は力つきて息をひきとる。深夜、救援依頼に向かった三田は、雪の闇のなかで幻影に悩まされる。行く手に大きな煉瓦の建物が現れたのである。それは「いかに注意して透かして見ても明瞭に見えていた」という。木の枝を折ってその壁に投げつけてみるが、枝は「その壁を通して音もなく闇の中に消えていった。」

転落をくりかえしながら、三田はやっとのことで立山温泉にたどり着く。

この話は槇有恒の『山行』に詳細な報告があり、三田幸夫自身の「松尾坂の不思議な幻影を思い返して」（『わが登高行〈上〉』所収。岩波文庫『山の旅　大正・昭和篇』にも再録）で読むことができる。

また、加藤文太郎の「初めて錯覚を経験した時のこと」（『新編　単独行』所収）には、木に積もっている雪が紙切れや旗、提灯に見えた話がある。

こうした幻覚・幻想は極度の疲労や遭難状態のときに現れるのかと思うとそうではなく、かなり正常な場合にも見られる。冬の前穂高岳北尾根の下降で幻聴・幻覚を経験した話が渡邉玉枝『63歳のエヴェレスト』に出ている。マッキンリー（デナリ）で亡くなった山田昇は世界的レベルの実力をもっていて、この種の話は無縁かと思うと、やはり不思議な経験をしている。一九八五年冬、マナスルの七〇〇〇メートルを超えたあたり。夜、登っていると、自分のほかにもうひとりだれかが一緒に登っているという感覚に襲われる。

「自分がトップで登っているのはわかりきっているのに、どうしても前に人がいるように思えた。斎藤に聞くと、彼もまた、私と彼との間にもう一人だれか登っている感じがしたといっていた。」

（日本山岳会『山岳』第八十一年号）

戦前のエヴェレストで、フランク・スマイスも同じような経験をしている。スマイスは最終キャンプから上を登りながら、もうひとりのだれかと一緒にいて、ケーキをふたつに割ってその半分を相手に渡そうとまでするのである（『キャンプ・シックス』伊藤洋平訳）。

*

幻覚とはちがう不可思議な状況も雪の山からは生まれる。

一九四〇（昭和十五）年一月、東北・朝日岳山麓の朝日鉱泉へきたグループ。そのMとO、それに案内のUの三人が、鉱泉から鳥原山に登りに出たまま消息を絶ってしまう。

これは上田哲農『日翳の山　ひなたの山』所収の「岳妖」で、本当にあった話、と断り書きがある。

五月になってその三人の遺体が見つかる。問題の日の気象、雪の状態、三人の技術、体力、いずれにも疑問はなかった。

「人夫U、上方に両足を開きて伸ばし、斜面下方へ向けて仰向けに倒る。Oはその胸部にUの足の方を頭とし、重なりて伏す。MはUの上方、二、三メートル離れて、あたかも斜面を登る形に伏したり。」

こういう状態で、どこから調べても、平凡な斜面で倒れていた理由はわからず、謎はそのままに残った。

*

話は雪の山から平地に降りる。

早池峰《はやちね》山の南、遠野は柳田國男の『遠野物語』で知られる。わたしが早池峰山に登ったのはもう四十年ほど前。静かな山だった。そのときは遠野に寄る時間がなかったので、数年後、和賀岳に行った帰りに遠野にまわり、自転車を借りて『遠野物語』の世界を偲んだ。その『遠野物語』のなかの「二二」。わたしにはやはり雪の積もっている夜のことと思える。

「佐々木氏の曾祖母《そうそぼ》年よりて死去せし時、棺に取り納め親族の者集り来てその夜は一同座敷にて寝たり。死者の娘にて乱心のため離縁せられたる婦人もまたその中にありき。喪の間は火の気を絶やすことを忌むが所の風なれば、祖母と母との二人のみは、大なる囲炉裏の両側に坐り、母人は傍《かたわら》に炭籠《すみかご》を置き、折々炭を継ぎてありしに、ふと裏口の方より足音して来る者あるを見れば、亡くなりし老女なり。平生腰かがみて衣物《きもの》の裾の引きずるを、三角に取り上げて前に縫い附けてありしが、まざまざとその通りにて、縞目《しまめ》にも見覚えあり。あなやと思う間もなく、二人の女の坐れる炉の脇を通り行くとて、裾にて炭取にさわりしに、丸き炭取なればくるくるとまわりたり。母人は気丈の人なれば振り返りあとを見送りたれば、親縁の人々の打ち臥《ふ》したる座敷の方へ近より行くと思うほどに、かの狂女のけたたましき声にて、おばあさんが来たと叫びたり。その余の人々はこの声に睡《ねむ》りを覚しただ打ち驚くばかりなりしといえり。」

簡明な話である。亡くなったひいおばあさんが、そのお通夜の夜、生前の着物姿のまま部屋を通って行ったというのである。現代の常識はこれを幻覚と片付ける。しかし、それでは片付かない話が『遠野物語』を埋めている。この話で恐ろしいのは、亡くなったひいおばあさんの「足音」がして、部屋を通り過ぎるとき、その着物の裾が炭取にさわり、「丸き炭取なればくるくるとまわりたり」というところである。三島由紀夫はその著作『小説とは何か』のなかでこの一行を絶賛している。もっとも、それは小説技法の問題として言っているので、ここで援用するのは筋違いかもしれないが、この話の気味が悪いのは、くるくるとまわる炭取は幻ではないからである。

早池峰山のふもとには、こういう世界が生きていたのだ。混雑する山頂と花だけが目当てで帰ってきては、あまりに惜しいのではないか。

今西錦司は「山へ登るのなら、せめて柳田國男の『山の人生』ぐらいは、読んでおくべきだ。この本を読んで、山の鬼才大島亮吉さえが、「山に登るのがおそろしくなった」といったものである。『遠野物語』もまたあわせ読むべきであろう」と言っている（『山の随筆』所収「役に立った本」）。

＊

先の朝日岳の三人の話には結末があって、後日、著者上田哲農の家に集まった仲間が不思議なその遭難の話をしていると……。

「親しい山の仲間の不慮の死に加えて、不気味な内容を持つ事件だけに、座の空気はとかく湿りがちだった。

話は途絶えがちになり、重苦しい空気が、あたりをつつんでいた。

――すると、今まで、傍らで黙って聞いていた家の者が、突然、

「見たのと……違うかしら？」と、いった。

うつむいていた一同は、ハッとしたように顔をあげた。

「なにを……」

「なにかを……なんだかわからないものを……」

誰も答えるものはなかった。」

北八ヶ岳・黒百合平

八ヶ岳・横岳西壁

〔三月〕

どこかで春が――山の歌

三月。弥生《やよい》。山はまだ充分に冬の世界だが、光も風も、柔らかさを増してくる。ロシアには「光の春」という「季語」があるのだそうだ（倉嶋厚『暮らしの気象学』）。いい言葉だなあと思う。虫も土のなかから出てくるという啓蟄《けいちつ》。山に行きたいという気持がしきりにうずく。

どこかで「春」が
生れてる

どこかで水が
ながれ出す

詩人百田宗治の作。草川信作曲の楽譜をのせられないのが残念だが、だれでも聞いたこと、うたったことがあるにちがいない。全部で三連、十二行の詩で、三連目は〝山の三月　そよかぜ吹いて　どこかで「春」が　うまれてる〟（中公文庫『日本の詩歌』別巻「日本歌唱集」。岩波文庫『日本童謡集』与田準一編では〝そよかぜ吹いて〟ではなく〝東風《こち》吹いて〟）。

＊

最近は山で歌をうたう人が少ないという。一九五〇年代のなかば、夏の穂高涸沢《からさわ》でのテント生活。毎日穂高の岩をたのしんだ最終日の夜、残りものを燃やす焚火を囲んで歌をうたった。その頃はまだ涸沢で焚火ができたわけだ。歌をうたっても、周囲にテントの数は少ないから、傍迷惑になることもなかった。

一九五八年、京都大学の登山隊がカラコルムのチョゴリザに遠征した。京大隊はその帰り、バルトロ氷河でガッシャーブルムⅣに初登頂したイタリア隊と交歓する。こちらの隊長はフランス文学者の桑原武夫、あちらは隊長がかのリッカルド・カッシン、隊員には、ボナッティのほかに、文化人類学者で北大や京大にいたことがあり日本語が堪能なフォスコ・マライーニが入っていた。その氷河上での交歓の一風景。

「マライーニ氏が、彼の思い出多い北大の歌〝浜なす赤き磯べにも〟をみごとに歌ったのを皮切りに、お互の合唱が始まったが、これはてんで話にならない。ピッタリ合った二部合唱で〝傷ついた山の大尉〟をやられ、全く顔色なかった。近ごろ、歌声運動とかで、若い連中は少しはましになったが、それでも、とても合唱などといえたものではない。学生のころ、興安嶺の山の中のロシア人の伐採小屋で、彼らの合唱を聞いたが、クマみたいなキコリ連中の上手なのにはびっくりしたおぼえがある。一方われわれの方の対抗歌は、デカンショしかなかった。それ以来、エクスペディションの度ごとに、合唱は大切であると主張してきたが、ついぞだれも本気にしてくれる人もいない。マナスルの時、全員歌えたのは〝炭坑節〟、今回は〝紅燃ゆる〟である。ネパリもチベッタンもバルティも、それぞれ彼らなりに上手に合唱をこなす。日本人はどうしてこんなに合唱が下手なのだろうか。」

（加藤泰安『森林・草原・氷河』所収「チョゴリザ登頂」）

桑原隊長も「お互いに歌の合唱をしたが、これだけはてんで問題にならない。むこうは四人ピッタリ合うが、こちらは一二人みんなが知っている歌を見つけるのがすでに困難。「くれない燃ゆる」「ここは御国を何百里」それから「ソーラン節」くらいしかなく、それも合唱にならない。ソ連に行ったときも感じたが、日本人はどうしてこんなに合唱がヘタなのであろう。いまは歌ごえ運動などというものもあるのだから、近い将来もう少しましになるだろうが、わが若い隊員はそういうものには入っていないらしい。マライーニ君は「浜なす赤き磯べにも」という北大の歌をみごとに歌った」(『チョゴリザ登頂』)と書いているから、バルトロ氷河の歌合戦、こちら側は合唱どころか単なる放歌高吟だった気配で、惨憺たる状況がうかがえる。それに「ピッタリ合った二部合唱」と書かれているが、同じ状況を説明する副隊長加藤泰安の別の文章「ヒマラヤで会った外国隊」では「ピッタリ合った四部合唱」になっていて、この程度の音感ではたしかに「てんで話にならない。」(余談。一般には多人数で単純にうたうのも合唱といっているが、本来は、多声部から成り、各声部が複数の人員でうたわれるもの。イタリア隊は四人しかいないのだし、男ばかりなのだから、正確には合唱ではなく重唱だろう。)

「思い出多い北大の歌」というのは、〝浜茄子紅き磯辺にも　鈴蘭薫る谷間にも　愛奴の姿薄

れゆく　蝦夷の昔を懐うかな〟という八連からなる「瓔珞《ようらく》みがく」（大正九年、北大桜星会歌）の一節（愛奴はあいぬと読む由。瓔珞は宝石をつらねて編んだ飾り）。北大山の会編『山の四季』という歌集（北大山の会関西支部発行、一九九三年）に出ている。〝傷ついた山の大尉〟は、たぶんわたしも学生のころにうたっていた〝山の大尉は傷ついた　部下の山岳兵達に「もう一度ここで逢いたい」と　息絶え絶えにことづけた〟という「山の大尉」（あるいは「大尉の遺言」、牧野文子訳）のことだろう。

〝紅燃ゆる〟はむかしの三高（第三高等学校）逍遙の歌「紅萌《も》ゆる岡の花」（作詞・沢村胡夷、曲・K.Y.）のこと。

千載《せんざい》秋の水清く
銀漢《ぎんかん》空にさゆる時
通《かよ》える夢は崑崙《こんろん》の
高嶺《たかね》の此方《こなた》ゴビの原

雄渾《ゆうこん》そのものの詞で、しびれるような魔法の一節だ。天の川を銀漢というと知ったのも、じつはこの歌のおかげだった。
山と関連づけての旧制高校寮歌ならやはり北大（正確には北海道帝国大学予科）の「都ぞ弥生」（作詞・横山芳介、曲・赤木顕次）がきわめつけ。

豊かに稔れる石狩の野に　雁《かりがね》はるばる沈みてゆけば
羊群《ようぐん》声なく牧舎に帰り　手稲《ていね》の巓《いただき》　黄昏《たそがれ》こめぬ
雄々しく聳ゆる楡《エルム》の梢《こずえ》　打振《うちふ》る野分《のわき》に破壊《はえ》の葉音《はおと》の
　さやめく甍《いらか》に久遠《くおん》の光
おごそかに　北極星を仰ぐかな

これもまた北海道の山や大地へのあこがれをかきたてられた魔法の歌詞だ（どちらも岩波文庫『日本唱歌集』堀内敬三・井上武士編に収録）。

＊

みんなできちんとうたえる歌を、という加藤説は外交的社交儀礼の必需品としての発言だろうが、それ以外の意味をも含めてわたしも全面的に賛成する。全員でうたえたのが〝炭坑節〟（いまの若い人は知らない？）だけとは情けないが、山にいるひとときに、気分が昂揚してきたら、歌のひとつかふたつがあっても不思議はないと思う。

わたしが学生のころ、一九五〇年代半ば、『青年歌集』（関鑑子編）というのがあって、労働歌や革命歌だけではなくアメリカやヨーロッパや日本の歌をうたっていたものだが、そのあとに『山で唄う歌』Ⅰ・Ⅱ（戸野昭・朝倉宏編、東京・茗溪堂）が出て、新しい山の歌をいくつも覚えた。

雪は消えねど　春は萌《きざ》しぬ　風は和《なご》みて　日は暖かし　氷河のほとりを　滑りて行けば
岩蔭に咲く　アルペンブルーメン

これは法政大学山岳部の歌（詞・菅沼達太郎、曲・法政大学山岳部）で、わたしは半世紀以上も前、うたいながら、まだ見たこともない氷河やそのほとりでのスキーにあこがれていた。

薪割り　飯炊き　小屋掃除　みんなで　みんなで　やったっけ　雪解け水が冷たくて

苦労したことあったっけ　いまでは遠く　みんな去り　友をしのんで　仰ぐ空

旧制の成蹊高等学校山岳部の歌「山の友よ」（詞・曲、戸田豊鉄。正確には虹芝《こうし》寮歌）。あとを継いだ成蹊大学山岳部は部員が集まらずに最近消滅したというが、歌は長生きするだろう。

守れ、権現《ごんげん》、夜明けよ、霧よ、山は命の禊場《みそぎ》所。　行けよ、荒くれ、どんどと登れ、夏は男の度胸だめし。

こちらは慶應義塾大学山岳部の歌。詞は北原白秋、曲は中山晋平というのだから豪華だ（岩波文庫『白秋愛唱歌集』藤田圭雄編）。

さあさ、火を焚け、ごろりとままよ、　木の根枕に嶺の月。　夢にや鈴蘭、谷間の小百合《さゆり》、酒のさかなにや山鯨。
守れ、権現、鎮まれ、山よ、　山は男の禊場所。　雲か空かと眺めた峰も、今ぢや、わしらが眠り床。

男の度胸だめしとか、男の禊場所というところなんか山岳部に女性部員がいたらどううたうのかなあ、などと心配するヒマもないほどに、さすがに北原白秋、威勢も口調もよくて格調があり、こんな歌をもっている山岳会には、旧三高や北大と同様嫉妬心さえおぼえるが、むずかしい言葉をつらねて六連もあるのに、よく間違えずにうたえるものだ。

「紅萌ゆる」は、京大出身の正副隊長がそろって〝くれない燃ゆる〟と覚えているのにはビックリ。これこそ「てんで話（問題）にならない」ことだが、古雅そのものの歌詞で十一連もある。バルトロ氷河で正確に全部うたったのだとしたら、マライーニさんも感心したにちがいない。

＊

さて、こうして山の歌を巡っていくと少々厄介なことになってくるのだが、それは、みんなでうたえる歌をというのはもっともであるとしても、それを単純に、というのは所かまわずにまきちらされてはかなわないという部分が、歌には、あるいは音楽全般にあるからだ。山の静かな夜、仮にだれかが、幸せなら手をたたこう、などとうたいだして唱和することをうながされるとしたら、そんな山小屋に泊まりあわせた不幸を深く深くかみしめることになるだろう。

辻まことの『画文集　山の声』にはこんな話（「山の歌」）がのっている。

山小屋で同宿のなかに歌の好きなグループがいて、延々と同じ歌をうたっている。だれかに教えているらしい。

「人気の中心になっている歌はホッキコーというのとムスメサンヨクキケヨ……云々というやつだった。歌詞といい曲といいなんともボクには閉口の代物で、どうして現代の若者たちの心にあんな古ぼけたムージカルセンスが生きているのか解しかねるのだが、とにかく三十回でも四十回でもアキずに単調でにぶいメロディーを反復する。

眼はつむることで見たくもないものを拒絶できるが、耳はそんなに便利にできていない。もう止めるか止めるかと期待しているうちにガマンできなくなった。下へ降りていって「済みませんがネ、ムスメサンももう耳にタコのことでしょうから、歌うのならなにかほかのものに替えて戴けませんかネ」と申し入れた。」

「どういうものか日本製の山の歌で現在生きているのには、良いものが少ないように感じられる。西洋製はすべて良い……というつもりは勿論ないけれども、山の中で自然にわきあがってくる簡単率直な感情を素直に、またのびのびと表現している歌は、西洋のメロディーの方がピッタリするものが多い。」

「月がでたでた月がでたヨイヨイという歌はメロディーも歌詞も明るくて、なんとなくトボけていてボクは大好きだが、ああいった素朴さがどうして山の歌のなかにないのか不思議だ。Oh my dearing Clementine の、リズムが重厚でしかも暗くない、バラッドに適した渋いメロディーも「雪山讃歌」の歌詞をのせると、どうも神経にさわる。オレたちゃ街には住めないカ、ラ、ニ……というのは、いかにも社会生活に適応できない意気地なしの告白だし、カラニというのはどこの訛りかワ、カ、ラ、ニ、イ。」

霧に包まれた山頂の岩にひとりで腰をおろしながら、それが薄らいで頭の上に青空がのぞき、周囲の山々が姿を見せてくるとき、「大げさな表現をすれば世界誕生の瞬間に立会ったような不思議な感激が身内からあふれてきてじっとしていられない」ようなときにこそ「欣びの感情が声になり踊りになり歌に化するのは当然」だというのである。そして、悲哀の感情を「音」にし「声」にする作曲家や詩人はたくさんいるが、と言ってこう結論する。

「広々とした山のよろこびを表現する力をもった人も作品も意外に少ないことに気がつく。色とりどりで賑やかに見える登山ブームの現代講中も、なかを割ってみれば「ホッキコー」や「娘さんよくきけよ」の情趣を抜けていないというのでは、いい歌も生れてこないかも知れない。自分をかえりみても、まったく貧しい話だ。」

山と音楽にからむ話はまだあるのだが、目的地に行き着けない。別の機会のこととして、そよ風の吹く三月の山に光の春を探しに行くとしよう。

＊辻まことの「山の歌」の引用中にある Oh my dearing Clementine は原文のママ。原題は Oh My darling Clementine であろう。

＊「山の大尉」（訳・牧野文子）、「山の友よ」（詞・曲、戸田豊鉄）ほか。JASRAC 出 0803179-801

〔四月〕

四月の山手帖から

四月。卯月《うづき》。山がにぎやかになってくる。雪が逡巡しながら、その主役を樹や草や鳥たちに譲ってゆく。日本の山は大半が樹林に覆われているから、芽をふいた緑がさまざまな色調で山を染めてゆく。こうした春の山をむかしの人は「山笑う」といった。

春山淡冶而如笑　夏山蒼翠而如滴
秋山明浄而如粧　冬山惨淡而如睡

辞典によると、十一世紀、中国の山水画家郭熙《かくき》のこの言葉に由来するという。淡冶《たんや》とは淡麗でつやがあるというほどのことだろうか。夏の山は旺盛な緑が滴《したた》るほど、秋の山は明るく清らかによそおい、冬の山は眠っているが如くだ。「山笑う」も「山粧《よそお》う」「山眠る」も俳句の季語になっている。

山笑ひ谷こたへたる雪解かな

これも辞典で見つけた句で、作者は中村敲石という。まだたっぷりと雪を残しながらも雪解《ゆきげ》の水があふれ流れて行く谷と、日ごとに緑を濃くしてゆくまわりの山とが朗らかに声をかけあっている、そんな春の山の情景が目に浮かぶ。

そして、一般文芸の世界の詩だからちょっと遠慮があるのだが、丸山薫の「北の春」。好きな詩なのであえて採録するけれど、山里の春の息吹きが躍動している。

どうだろう

この沢鳴りの音は
山々の雪をあつめて
轟々《ごうごう》と谷にあふれて流れくだる
この凄《すさま》じい水音は

緩《ゆる》みかけた雪の下から
一つ一つ木の枝がはね起きる
それらは固い芽の株をつけ
不敵な鞭のように
人の額を打つ
やがて　山裾の林はうっすらと
緑色に色付くだろう
その中に　早くも
辛夷《こぶし》の白い花もひらくだろう

朝早く　授業の始めに
一人の女の子が手を挙げた
——先生　燕がきました

＊

この時分の山は、入って行くときよりもそこから下ってくるときにほかの季節にはない独特の趣があるようだ。それがこの季節のいちばんの特徴だろう。雪と濃淡の緑が交錯する山は多彩だが、それを描く山の文章もまた豊かである。

富山から晩春の山に入り、雪の弥陀ヶ原を室堂《むろどう》へ。雪の剱岳に登る。

「山の暦は、月は都会と同じように、三月四月と数えるのだが、年は町と同じように、一月をもって改まりはしない。夏、山の季節が来て、初めて、去年が今年になるのだ。春四月、今はまだ去年の内だ。」

「頂上に、固く凍りついた雪の間に、幾つかの岩が、黒い頭を出していた。（略）
富山湾の水の上に、浮かんでいるのかと見える、二つ三つの綿雲が、動きもせずに、のどかにじっと止まっている。佐渡ヶ島と思われるあたり、なすったように白い雲が、長い一線を引いている。春の海ののどけさ。

飛騨の谷で、山を焼いているらしい煙が、薄青く立ち昇っている。いかにも春を思わせる風景だ。」


室堂から黒部川の平ノ小屋《だいら》へ。


「峠を下った御山沢《おやま》は、雪崩にあらされていた。」

「黒部の本流は、雪を押し除けて、岩を乗り越えて、春を求めつつ、激しい勢いで谷を下っていた。」

「平の一日は雨に暮れた。

翌《あく》る朝、山の峰に近いあたり、木々の梢は、雪に白く光っていた。秋ならば、冬の近づいて来るのを知らせるこの雪も、さすがは春だ、直ぐにも消えそうなはかなさが、見るものの心に感じられる。」

小屋の前の吊り橋を渡り、針ノ木峠を越えて信州へ。

いまは黒部ダムの水がこのあたりまであがってきていて、吊り橋はない。だから一九七〇年代、わたしが赤牛岳を下って奥黒部ヒュッテから出てきたときには、舟で渡った。この平から針ノ木谷をさかのぼって峠へ行くのはわたしの久しい憧れのコースなのだが、実現しそうもないのは切ない。その夢をわたしに植え付けたのがいま引用しているこの文章なのだ。これは浦松佐美太郎の「四月の山手帖から」(『たった一人の山』所収)。

「針ノ木峠の雪は、午後の日に、ぎらぎらと輝いていた。谷の雨は、ここでは新しい雪となって、七、八寸も積もっていた。」

「峠の下の谷は、大きな雪崩に、すっかり埋めつくされていた。岩のように大きく堅い、雪崩の跡の雪の塊りを、乗り越え乗り越え歩くのも楽ではなかった。」

「ふり返ると、樺の枯枝に編まれた網目をすかして、雪の山並が、まばゆい程に光っている。春の空は、濃い紫に低く重く垂れている。針ノ木峠は、その空を打ち抜いたように、白く真白に雪に輝いている。」

「雪の上ばかり歩いて来た靴が、黒々とした里道の上に出る。雪の上はもう遠くの世界になっている。

麓の村は、お蚕の祭で浮き浮きとしていた。桃や桜が松本へ走る電車の両側に、美しく咲き続いていた。」

ほんの一部の抜粋だが、ここには春の山の多彩な輝きと情趣が横溢《おういつ》している。冬の姿を残している岩山や雪に輝く峠に登り、雪解けの里の土を踏む春の山。過ぎ去る雪の季節への惜別と、緑の季節を迎える心の弾みとが交錯して、この時期の山を描く秀作である。

〔追記。石川欣一の「平の一夜」(『可愛い山』所収)という文章がある。それによると、大正十五(一九二六)年六月当時、この平で黒部川を越す方法は二つ。川の上に渡した太い針金に滑車をかけ、その滑車から縄でぶら下げた板に乗って渡る籠渡しと、徒渉によるもの。徒渉は「夏向きでよかろうなどと思う人はやって見るがいい。深いところは腰の上まで、川底はゴロゴロの石で、流れは疾い。ともすれば足をすくわれる。すくわれたら最後、手足がそろって日本海へ出られれば幸福である」というのである。そしてその前年の秋、少し下流に吊り橋がかけられたとあるから、浦松佐美太郎が通ったのは、アルプス滞在から戻ってきた昭和初期(一九三〇年代)のことであろう。〕

＊

「山を出るときの気持というものは、季節によってみな違うが、春の雪山のそれは、たしかにのびのびと明るい。

幾日かの雪山生活を終えて、里へ出る日は、雪への名残り惜しさに、スキーもできるだけ回転を頻繁にして、楽しみながら下る。黒木の地帯から闊葉樹林へ。やがてある高度で、雪がぱったり無くなる。その分れ目が、あまりに突然かつ明瞭なのに驚くほどだ。」

「この雪の有無の分れ目が、春山を下る気持の、大きなポイントになっていると思う。雪山を終った満足、雪の威圧から解放された安堵と、雪への愛着といったような複雑な気持、さらには下ってゆく麓のよさへの期待などが、ここを境にして同時に胸に湧くのである。」

「やがて麓のカヤトの平が見えはじめ、その向うはるか遠くに、平野の低い山々が、春風駘蕩《たいとう》といった感じで頭を並べている。(略)山から出ると街道のようにさえ見える里道。その道傍に春昼の濃い影を落して、しずかに咲く一本のヤマザクラ。」

そして、思わず、そうだ、と相槌をうちたくなる一節。

「春の山を下る時は事情のゆるす限り、けんらんたる真昼時に下りたいと思う。」

これらは川崎精雄「春山を去る日」(『雪山・藪山』所収)から。

＊

一九二八(昭和三)年三月、前穂高岳北尾根で墜死した大島亮吉は、いわば文武両道の傑出した山岳人だった。その大島亮吉は「日本の山は日本の山らしく歩け」と言っている(『大島亮吉全集』2)。また「日本の山は日本の山のぼりの精神で歩け」とも。いずれも解釈のむずかしい言葉だが、浦松、川崎のふたつの著作には、その趣が表れている。「四月の山手帖から」には、春の山への愛着が心象風景的に感性豊かに描かれ、『雪山・藪山』にある「春山を去る日」「藤原の春」「晩春の雪山へ」ほかの文章には、「日本の山らしい」情趣がある。これらに描かれているのは、たぶんヒマラヤにはなく、アルプスでも手に入れがたい、美しい日本の春の山だ。

春の山は忙しい。木々が緑をふくらませてゆくのと歩調をあわせて、日ごとに雪が黒くなり、姿を消してゆく。山に行く予定が十日もずれたら、踏めたはずの名残の雪にも出会えなくなってしまう。
二〇〇四年の一月、東京では真冬日（気象用語）がなかったという。ジョルジュ・デュアメルの『わが庭の寓話』（尾崎喜八訳）を気取るわけではないけれど、東京新宿区の西のはずれにあるわが家の庭では、二月早々に福寿草が咲いた。

「晩春から初夏への、雑木林の景色の変化は、思いのほかあわただしいものである。（略）落葉樹たちの冬芽が、いっせいに開きはじめ、あざやかな淡緑の葉が姿をととのえるころは、一年中でも、雑木林のいちばん美しい季節である。だが、一日ごとに新葉の色彩が変るような、風景の急激な変化は、近ごろの私の年齢にとっては、少しく忙しすぎるような感じがする。季節よ、もうちょっとゆっくり歩め。」（足田輝一『雑木林の光、風、夢』）

〔五月〕

五月の山旅・奥秩父

五月。皐月《さつき》。一年のうちで山がいちばん魅力的な姿になるときである。氷河をもたない日本の山では、まだ雪の残る五月と六月が最高に好ましいとわたしは思う。山を大きく気品ある姿にする要素は雪と雲である。その雪も全山が真っ白になるよりも、斑々《はんぱん》として六分くらいの割合で山を彩り、そこに雲が流れ、山が消えたり現れたりするという情景が、山のいちばん魅惑的な姿ではなかろうか。そして山の斜面を、きらめく雪と緑とが交錯して埋めているときこそ、眺めてよし、登ってよしの、日本の山の最良の状態だろうと思う。

空青し山青し海青し
日はかがやかに
南国の五月晴《さつきばれ》こそゆたかなれ

佐藤春夫の「望郷《ぼうきやう》五月歌《ごぐわつか》」から。五月晴れというのは、本来は梅雨のあいだの晴れをいったものだそうだが、しかし、新暦五月の爽やかに晴れたときこそふさわしい。五月晴れがもっとも「ゆたか」なのは、この季節の山であろう。

「五月という月は、いつも私たちの抑えることの出来ない自然に対する興奮と憧憬《しょうけい》とをそそる季節である。燃ゆるような青葉の緑のいや増すにつれ、緑を綴る花の色が永遠の深いかなたから、暗示的な閃《ひら》めきをもって無言の言葉を囁《ささや》くにつれ、私たちはいつも自然の最も深い、その生命のとどろき返るただ中に透入しなければ止まない激しい願望が起って来る。五月の色彩の音楽的な調和は、十月の色彩の象徴的な閃めきと共に、いつも力強い渇望の対象となってあらわれ、かのギリシャ人のいわゆる前世の恋の昔に立還ろうとする執念さを以て、心はいつもそこへ牽《ひ》き付けられる。」

田部重治《たなべじゅうじ》の代表的紀行「笛吹川を溯る」（『新編　山と渓谷』所収）の一節。「五月の色彩の音楽的な調和」とか「十月の色彩の象徴的な閃めき」とか、名文特有のレトリックがちりばめられているが、この季節の山の魅力を確実に捉えて、わたしたちを五月の山に誘ってくれる。山に登り、多少なりとも山の文章を読む人なら田部重治の名を知らないことはない。昭和二十五、六年頃、この「笛吹川を溯る」は高校の国語教科書にも採択されていた。田部重治は、五月という月に、それも秩父山地のその月に特別な思い入れがあったようだ。

「その翌々年の五月の末つ方、自然はまたも、渾然とした色彩を以《もっ》て現われる。」

「なつかしい栃本、憧れていた栃本（略）、水清き栃本、五月の若葉のように深い眼の少女の多い栃本。」

あるいはまた——、

「かつて中村君、木暮《こぐれ》君と、金峰《きんぷ》から雁坂《かりさか》までを縦走した時、秩父の範囲で最も私たちを惹き付けたのは鶏冠《とさか》山の異様なる風姿とその麓にいやが上に深くくい込んでいる笛吹川の流域に立ち並ぶ、溶けて滴りそうな落葉松《からまつ》や白樺の五月の色彩とであった。」

といった文章を見ることができる（いずれも『新編　山と渓谷』所収「秩父の旅」）。

ここでいう中村君は、山岳画家の中村清太郎。木暮君は、木暮理太郎。どちらも田部重治とともに明治後期から日本の山の開拓時代をリードし、とくに秩父山地に大きな足跡を残して、登山史上、秩父時代といわれる時期を生みだした大先達である。

その木暮理太郎もまた、五月の秩父山地につよく惹かれていた。

「いつも五月、一年中でのよき日である五月になると、私は秩父の山や谷を思い出す。」

といい、さらに秩父山地の旅をするのはいつも五月で、

「ゆかしい苔の匂と木の香とに満ちた奥深い森林を、山肌を飾る万年雪の輝きや草原を彩

る美しいお花畑が日本アルプスの特色であるように、唯一の秩父の特色であると信ずる。」

そしてさらに「秩父の山や谷が私に与える感じは、情緒的であり女性的」といい、そういう世界を味わおうとしたならば——、

「(それに)ふさわしい季節はどうしても春でなければならない。其春も五月下旬新緑の頃が最も好い。(略)山頂近くの木立の中には、まだ二、三尺の雪は残っているけれども、麓はすでに瑞々しい若葉の浅緑が暖い陽光にけむり、葉裏を洩れる日光は黄金の雨のように瀉《そそ》いで来る。」

と讃える(『山の憶い出〈下〉』所収「秩父の渓谷美」)。

田部重治はまた、

「世の中にはアルプス式の峻《けわ》しい姿や、斑々《はんぱん》たる残雪がなければ登山をする甲斐がないように思う人がある。(略)しかしアルプス式の美は、包容的伝説的美を欠いていると共に、

そこに人生の温か味を暗示するものに乏しい。」

と、季節とは別に秩父山地への思いを語る（『新編　山と渓谷』所収「秩父の印象」）。

十年余り、わたしは、夏の二週間ほどをアルプスの旅に費やしてきたことがある。モン・ブラン山群をはじめとするフランス・アルプスやスイスのあちこちで山歩きをたのしみ、雪と氷と岩の四〇〇〇メートルの山々に登る。そこにある日々、それは人生の至福のときである。しかし、そうした山にいるある日あるとき、ふと、日本の山を歩きたいなと、つよい郷愁を覚えることがある。そういうとき、わたしの胸に浮かぶ山は、槍や穂高や剱ではなく、奥秩父の濃密な樹林の山である。

*

日本の近代登山は、ヨーロッパの影響を受けて発展してきた。しかしその一方で、日本の山特有の魅力に支えられて展開してきた大きな流れがある。それをもっとも雄弁に体現しているのが、木暮、田部の山歩きである。黒部だけではなく秩父山地の渓《たに》にもつよい関心をもっていた冠《かんむり》松次郎もまたそうである。これらの人々の行動と思考は、輸入品ではない山登りを示している。奥秩父の山々を「善き日本の山」(『〔新編〕山　紀行と随想』所収「秩父の山村と山路と山小屋と」)と規定した大島亮吉が「日本の山は日本の山らしく歩け」と言ったのもまた、木暮、田部のつよい影響を受けてのことである。

ところで、「一体奥秩父というのはどの辺からどの辺までを指していうのか」と冠松次郎は問う(『渓』所収「奥秩父の追憶」)。東の雲取山から西の金峰山、瑞牆山《みずがき》までというのが一般的だが、十文字峠から甲武信《こぶし》岳への武信境界尾根から西は、同じ秩父山地とはいっても、その東側とは地勢も性格も異なると思う。国立公園の名称もいまは「秩父多摩甲斐」だが、武信境界尾根の西側の花崗岩の明るい世界は、その東側の森林のもつ情趣とは別の雰囲気をもっていて、金峰山、瑞牆山を奥秩父としてくくるのにはムリがある。地理的にみてもそうである。金峰山は秩父盆地の視野からはまったく外れているのに、勝沼の一部や甲府、日野春周辺からはよく見えるのだから。

それはともかく、田部は、秩父の山から受けたものをこう語る。

「私は信越の山々と前後して秩父の山に、はいりはじめたということは、私に取って非常な幸福であったと思う。私は秩父の山においては信越の山々で見る事の出来ない美を味った。秩父の山の美は深林と渓谷とのそれである。信越の山々の超越的な、高邁《こうまい》な姿は、秩父の山の深林の幽暗と渓流の迂曲《うきよく》と共に私を引きつけた。私は秩父の山において一種神秘的なまた一方伝説的なものを感ずると共に、また、宇宙存在以来その間にこもって離れない山の魂という風なものに触れたような感じがした。」

（『新編　山と渓谷』所収「山は如何に私に影響しつつあるか」）

そして、山が自分の一部であり、自分がまた山の一部であるというような心持ちになったと田部はいう。そういう開眼を得たのが秩父の山であった。木暮理太郎もまた、若い日に、ほかの山では感じなかった宗教的な感動を金峰山で受けたと書いている。アルプスに在る日、わたしの胸にきざした日本の山への郷愁もこうした事柄に拠《よ》るのかもしれない。

谷川岳・天神尾根

節分草／秩父・四阿屋山山麓

五葉躑躅／丹沢・塔ノ岳

〔六月〕

山の雨・雨の山

六月。水無月《みなづき》。水の月の意。「な」は格助詞で「の」の意味である、とは高校の古文の授業を辛うじてほじくり返しているのだが、田に引く水の月のことと辞書はいう。

毎回、和暦の月の呼び名をつけ加えてきたが、日本には古来伝わる風雅な月の名前があるのに、一月から十二月まで、数字で呼ぶことになにがしかの抵抗があるからである。十二の月を数字で番号順に呼ぶ文化圏に属する国は日本のほかにもあるようだし、それに数字とはいっても、五月とか十月とか、そう口にするだけで自然の風物を受けとれる感受性をすでにわたしたちは身につけているが、せっかく情趣のある呼び名が残っているのだから、新と旧とのずれはあっても、この機会に記憶を呼び戻しておきたいと思う。

閑話休題《それはさておき》。六月、雨の季節である。山を登りに行くのにはありがたくない時期だ。はじめから雨ならば中止もするが、山のなかにいるときに降られるという経験はだれにもある。それにこの季節に限らず、山と雨とは切り離せない。

若いとき（もう五十年ほども前）山の雑誌の編集をしていて、串田孫一さんに「雨」という原稿を頼んだことがあった。いまでも覚えているが、その依頼への返事は「いいご出題です」というものだった。

「私は今、雨という題で書きはじめて、いい雨の思い出を頻りに選り出そうとしている。そして、山の雨もまたなかなかいいものだと、殆んど無意識に書こうとしていたことに気がついた。そういうことも書かなければならないだろうが、山の雨に対して、最初はもっと正直な気持になっておかなければならない。山を歩いている時に降り出した雨をどんなにいまいましい目で見たかを思い出さなければならない。天幕に降りかかる雨の音を、夜半にねむい頭でどんなにうらめしい気持で聞いたかを再び考えなければならない。」

そして山の雨の「いまいましい」記憶を谷川岳東尾根や幽ノ沢、槍ヶ岳北鎌尾根、白峰三山など列記しているが、最後には「傘をさして訪れた山頂や峠がこの頃の私の山の記憶には、晴れ渡った山々の印象とともに、別にいまいましくもなく、ていねいにしまわれている」と書かれている。（この文章は串田孫一著作集を当たったが見つからなかった。雑誌「山と高原」二七五号〈一九五九年九月号〉にのっている。）

*

では、先人は山での雨とどのように付き合ってきたのだろうか。

「山登りをする人間からいえば、いかにこの雨が日本の山岳風景を造り出すのに貢献しているにせよ、雨そのものとしては決して有難いものではない。平地の雨ならば、いかに驟雨や豪雨でも、俳句になったり清長の版画になったりするが、山の雨はそんな余裕を与えない。大体が上から降るのか横から叩きつけるのか、そのあたりからして甚だ怪しいのであるから、なかなか手に負えない。」

「山で何が惨めだといって、どしゃぶりの中で、濡鼠となった肩のあたりに溜った雨水が、背中へ合流して宛然奔流をなして背筋を直下する時ほど惨めなものはない。もちろん雨の後に来るものは風で、風は雨雲を撃退すると同時に人間の体温をも遠慮なく奪い去ってしまうのだ。夏の山で凍死した例は決して少くない。」

アルプスでの山登りを充分に経験して、フランス南部アルプスのラ・メイジュでは雷と霰《あられ》と雨にやられてさんざんな目にあった松方三郎が日本の山での雨について語る文章である。『アルプス記』所収「雨と霧」から。

当時といまとでは雨具の機能がまるで違うにしても、これに似た経験は多くの人にあるだろう。山での雨から完全に逃れることはできないのだから、あとは雨との付き合い方である。

「こうやって覚悟を決めてかかると山の雨も――もちろん程度にもよろうが――必ずしも、愚痴の種ばかりとはならない。存外味のあるものとなるのである。普通ならば苦労の種である山の雨を意に介することなくして歩けるということは確かに一つの会心事である。そうして、山登りの楽しさの少からぬものは苦しみを乗り越え、これを超越するというところから来ている。山登りを本当に楽しむのにも、ぜひともこの術を修得しなければならない。」

「山の生活は自然の生活だ。だから霧や雲や、太陽や雨と喜怒哀楽を共にしないわけにいかないのだ。」

（いずれも「雨と霧」）

同じくアルプスで山登りを経験してきた浦松佐美太郎もまた、日本の山に戻れば次のような心境を会得する。『たった一人の山』所収「山の雨」から。

「雨は山に登るものにとっては、嫌なものに違いない。幾日も、雨に降り込められている時なぞ、また今日も雨かと、うんざりしてしまうのだが、思い切っていらだたしい気持を押えてしまえば、全く違った境地に立って、山を静かに眺めることも出来る。

雨の音しか聞えない、そんな静かな日に、滴《しずく》する谷の緑を眺めていると、旅のあわれとでもいうような、かすかなさびしささえ心に感じる。山水という、言葉のニュアンスが、心に近々と味わわれる。

山水という、いかにも、床の間の中にでも納まってしまいそうな、この優しい言葉から受ける感じは、燃えるような、日の光の中に立つ山の姿ではない、霧にかすみ雨に煙る山の姿である。

こんなふうに考えてくると、登る時には厄介なこの雨も、山にとっては、ふさわしいもののようにさえ思われる。

「山の宿で、谷に降り込める雨を眺めているのも、好きなことの一つだ。肝心の山が、駄目になってしまったにも拘らず、山腹の木々の間にもつれてゆく、霧の姿を眺めていると、かえって気持は山の中にいるらしい静けさにひたってゆく。」

そして、「嫌だと思った雨も、しゃくだと思った雨も、思い出となれば、美しい銀糸を、心の中に音もなく降らしているばかりだ」という穏やかな気持になってゆく。

「利根川の上流の湯之小屋へ行ったのは、やはり秋の真っ盛りであった。そこへ着くまでに上ノ原という高原を横切って行ったが、ちょうど小雨が降っていて、高原の紅葉がその雨に煙って見えるさまは実に美しかった。雨もまた風情の一つである。むやみと晴天ばかり願う人は、日本特有の風景がいかに雨によって変化づけられ、美しくされるかということを知らない人である。」

（深田久弥『瀟洒なる自然』所収「秋の山の湯」）

辻まことにも「雨と山」といういい文章がある（『辻まことセレクション 1』所収）。

「濡れて困るようなものは皆ザックに入れて、雨と一体に溶けて歩くのもまた一興というのがいつわりのない気持だ。」

「帽子のヒサシも役に立たなくなるほど降られ、雨水が襟から流込むなんてのは、けっして愉快ではないにきまっている。が、そんなときに雨足に打たれて暗い灌木の中に揺れる燃えるようなウルシの枝が、それまで見たこともない美しさとして忘れがたい印象を与えるなら、差引勘定だいぶもうかったことになる。」

「雨を防ぐことは確かに生理的に必要なことであろう。しかし、雨の山をそのまま自然の角度として受容れる方向に自分を開いて旅をしたいと、私はおもっている。」

＊

こういう世界は樹林の豊かな日本の山の特徴である。霧雨に煙る樹林の山道を傘をひろげて歩いて行くのもまた山のたのしみのひとつ、と思えるようになれば、山歩きも新しい境地に入っていくのだろう。引用した五人の言いようがみな同じというところに山の雨の性格が表れている。しかし、山と雨についてはまったく違った反応が起きることがあるようで、先の松方三郎はこんな話を紹介している（前記「雨と霧」の冒頭にも同じ話がある）。

「ある英国人が日本の山の旅行記を書いて、ロンドンで出版しようと考えた。原稿を見た出版元は、こんなものではとうてい売りものにならぬといって、原稿を返してきた。否決の理由は、雨の話が余りにも多いというのであった。書いた当人は、ありのままを文章にしたのだが、読者としては、うっとうしくてやりきれない、というのであった。」

（『山を楽しもう』所収「カエルのように」）

山の雨の情緒というのは、外部の人に理解させるのがむずかしいようだ。外部というのは外国というばかりではなく、山に登らない人、あるいは山の雨の情緒に無縁な人のことでもある。雨の世界を知っているわたしたちは、幸福な種族に入るのかもしれない。その証拠になるような文章もある。山の本ではないから引用するのにここもまた少々ためらいがあるけれども、雨の日の風情が日本の文化の根源のひとつという谷崎潤一郎の文章をのぞいてみよう。雨というよりも実は厠《かわや》（トイレのことです）の話なのだが。

「閑寂な壁と、清楚な木目に囲まれて、眼に青空や青葉の色を見ることの出来る日本の厠ほど、恰好な場所はあるまい。そうしてそれには、繰り返して云うが、或る程度の薄暗さと、徹底的に清潔であることと、蚊の呻りさえ耳につくような静かさとが、必須の条件なのである。私はそう云う厠にあって、しと〳〵と降る雨の音を聴くのを好む。殊に関東の厠には、床に細長い掃き出し窓がついているので、軒端や木の葉からしたゝり落ちる点滴が、石燈籠の根を洗い飛び石の苔を湿《うる》おしつゝ土に沁み入るしめやかな音を、ひとしお身に近く聴くことが出来る。」

（『陰翳礼讃』）

最近のトイレは家庭でも密室タイプで、「床に細長い掃き出し窓がついている」ようなのはもう見かけないし、都会ではもちろん山でも、こういう「しめやかな」などという言葉が死語になってしまうような雰囲気だが、たしかに静かに降る雨は人の心を落ちつかせる。

＊

最後に、山と雨とのかかわりを通して、山登りの、ひいては人生の本質にまで踏み込むいい文章をご紹介する。加藤泰三の傑出した山の画文集『霧の山稜』にある「標高——雨の中にて」。


「歓喜と悲哀は等量である。

それは雨天に登っても、晴天に登っても、山の高さは変りはしないと云う事位に、確かな事だ。

それなのに、僕等は錯覚をする。殊に悲哀の中に於いて錯覚をする。歓喜と悲哀は等量ではないと。

僕等は、結局晴天にだけ登っていては、山の深さを知る事が出来ない。

雨の中で登りながら、僕等を勇気づけているのは、今、標高は求められつつあると云う事だけだ。

ああ、それだけだ。」

〔七月〕

山での出会い

七月。文月《ふみづき》。牽牛星《けんぎゅうせい》と織女星《しょくじょせい》とが出会う七夕《たなばた》のある月。その故事にあやかって、山での出会いをたのしんでみよう。

山登りに行って、思いがけないところで友人、知人に出会うという経験をした人は多いだろうが、山でのそうした出会いは、街でのそれとはちがって奇妙に新鮮でなつかしい。しかし、面識がないばかりに正面から顔をあわせていながらそのままになってしまい、あとになってから「ああ、そはかの人か」と納得するということもある。

山でのめぐり会いはさまざまな物語を生むが、そうした出会いのなかから、興味深いいくつかを見てみよう。まずいちばん知られているのは、ウォルター・ウェストンと寺田寅彦の場合であろう。

一九一〇（明治四十三）年、寺田寅彦はフランス・アルプス、シャモニに遊ぶ。メール・ド・グラス氷河を見物。「すべらない用心に靴の上へ靴下をはいて、一人で氷河を渡」る。（注。フランスの登山技術解説小冊子によると、靴にウールの靴下をかぶせて滑り止めにするこの方式〈商標名なのかどうか、piratesという名前〉が、当時メール・ド・グラス氷河歩きのツーリスト向けに盛んだったという。メール・ド・グラス、氷の海だからpiratesなのだろうか。）

「谷へおりる途中に、小さなタヴァンといったような家の前を通ったら、後ろから一人追っかけて来て、お前は日本人ではないかときますから、そうだと答えたら、私は英人でウェストンというものだが、日本には八年間もいてあらゆる高山に登り、富士へは六回登ったことがあると話しました。その細君は宿屋の前の草原で靴下を編んでいました。そこから谷底へおりてシャモニの村まで歩きました。（後略）」

『寺田寅彦随筆集』第一巻にある「先生への通信」の一節（「先生」というのは夏目漱石のこと）。ウェストンと出会いながら、たったこれだけしか書いてない。寺田寅彦はウェストンを知らなかった。日本で高い山に登ったとか、富士山に登ったとか聞かされても、反応するだけの知識も興味も持ちあわせていなかった。ウェストンの側も同様。話しかけた日本人が寺田寅彦とは知る由もない。せっかくの邂逅《かいこう》なのに接点はなく、典型的ミスマッチというわけだ。しかし寺田寅彦が、たぶん、何気なく書き残してくれたこの出会いはわたしたちを大いにたのしませてくれる。ウェストンの三回目の日本滞在（一九一一・明治四十四年〜一九一五・大正四年）直前のことである。

この一件を紹介している松方三郎は、せっかく日本人を見かけてなつかしさに語りかけたのにと、「ウェストンさんにとっては大きな不満であったに相違ない。同時にまた、その人が寺田さんであったことをウェストンさんが知らずに過ぎてしまったことも、何となく惜しい気がしないでもない」と書いている（『アルプス記』所収「ウェストンと寺田博士」）。

その松方三郎に「山であった登山家」という文章がある（『アルプスと人』所収）。そのなかで、若い松方三郎は、アルプスでの山登り三昧のさなかの一九二五（大正十四）年、スイスはベルナー・オーバーラント、シュレックホルンの基部にあるシトラーレック（シュトラーレック）

の小屋で「英国のS君」と出会ったと書いている。「S君がカメットに行ったりエベレストに行ったりするずっと前のことだが」とあるから、「S君」とはイギリスの代表的登山家フランシス・シドニー（通称フランク）・スマイス Frank Smythe だろうと知れるのだが、あるいはエリック・シプトン Eric Earle Shipton かもしれない（シプトンもカメットとエヴェレストに行っている）。松方自身、相手がだれとわかるのはずっとあとで、そのときの記録が『アルパイン・ジャーナル』に出ているのを見て、小屋で一緒だったのが「英国のS君」だったと知るのである。この文章ではどちらとは書いてないのだが、『アルパイン・ジャーナル』を調べると、「S君」はやはりスマイスである。

その二年後、今度の舞台はフランス。ドーフィネの名峰ラ・メイジュ南面のプロモントワールの小屋。松方三郎が夕食の支度をしていると「オーストリアの若い人が二人来る」（『アルプス記』所収「ドーフィネ日記」）。翌日の天気が悪くて一日籠城していると、今度はフランス人ではない若いふたりがやってくる。山小屋滞在の一日、若い彼らとはいろいろ話をしたにちがいないのに、ウェストンと出会った寺田寅彦以上に彼らについての記述はない。そしてまたしても後年――。

「ドイツのメルクルと落合ったのは、フランスのドーフィネ・アルプスのラ・メイジュのプロモントアールの小屋でだった。大きなルックに何かうんとつめて乗込んだ一行の一人がそのメルクルだったと知ったのは、遙に後のことで、彼がナンガ・パルバットで遭難した後に出版された遺稿を見て、はじめてその事実を知ったのだった。」

（「山であった登山家」）

フランク・スマイスとウィリー・メルクル。アルプスやヒマラヤの登山史のなかでもとりわけまぶしい光芒を放っているふたりの巨人と、それとは知らずに山小屋での一夜をともにする。まことに稀有な体験である。どんな話が交わされたのだろうか。

*

一九一四（大正三）年夏。スイス中部トゥーン湖の北岸ヒルテルフィンゲンでの辻村伊助と近藤茂吉《しげきち》の場合は――。

シュレックホルンに登り、下山時に雪崩に巻き込まれたが、幸いに打撲、骨折程度で助かり、療養中の身だった。湖畔散策のある日のこと。

「夕方城の下から汽船に乗ると、遅れて来た近藤君をしきりにじろじろ見ていた英人の宣教師があった、やがて側《そば》に出かけて、貴君は日本の方ですかと尋ねた、そして
「横浜におるウォルター・ウェストンを知ってますか」

「古い友人ですよく知ってます」

「おおウォルターは私の弟です……」意外かな、私達はたちまち一つのベンチに集まって、それからそれと話し込んだ、成程云われて見ればよく似た面立ちで、氏の名はロバート・ウェストン」

ここではお互いの経験がみごとに合流するのである（辻村伊助『スウィス日記』所収「ヒルテルフィンゲン」）。

＊

最後に、こういう山での邂逅のなかで、もっとも劇的、感動的なエピソードを。

マッターホルンのイタリア側山麓テオデュール峠。ガイドをつれて歩いている「私」は、血

色がよく、ひげの剃り跡がきれいで目の澄んだ、雪のような白髪の老人に出会う。その顔には鉄の意志が表れていた。歳に似合わず体は真っ直ぐで歩き方はリズミカル、充分に山の経験があることを示していた。「私」は山の流儀に従って、すれちがうときに帽子をとって挨拶する。その人も会釈を返して過ぎて行く。「私」のガイドは先方のガイドと立ち話をしていたが、やがて「私」に追いついてくると言った。

「あの方がどなたか、ご存じですか」

「私」が知らないと答えると、ガイドは言った。

〝Monsieur Whymper！〟（ウィンパーさんですよ！）

その名を聞いて「私」はすっかり動転してしまう。写真でしか知らなかった、マッターホルン初登頂のあのウィンパー！

マッターホルンを背景に遠ざかって行くその人。しかし、それを目にして感動にふるえる「私」がまたすごい。その後、マッターホルンのフルッケン稜登攀をはじめ、アルプス登山史に燦然と輝くことになるイタリアの登山家ギド・レイである。

世界の登山史を彩るふたりの巨人が因縁のマッターホルンの下ですれちがう。しかもお互いがそれとは知らずに。まるでドラマを見ているような情景だ。

山は、そして山の本は、このようなすばらしい出会いの数々をわたしたちに贈ってくれるのである。

＊ギド・レイの話は「マッターホルン」（『世界山岳名著全集』３）に収録。

〔八月〕

山で見る星

八月。葉月《はづき》。山を歩きながら、雄大積雲がぐいぐいと青空高くのびあがってゆくのを見ていると、たくましい夏を実感する。山の花も盛りだが、豊かな残雪もまた夏の高山には欠かすことのできない風物だ。安曇《あずみ》節にも北アルプスの山々を「冬の姿で夏になる」とうたう一節があったように思うが、夏の盛りに冬を垣間《かいま》見ることができるのもまた、山のたのしさである。

一九九四年八月、スイス中央部、標高およそ三六〇〇メートルのオーバーメンヒヨッホの山小屋。このあたりは夏でも雪と氷の世界だが、明け方の四時過ぎ、といってもスイスは夏時間採用だから実際には三時過ぎで、周囲は闇。空は星で埋まっている。ユングフラウに登るため、ヘッドランプをつけてわたしはガイドと氷河を歩きだした。夜明けを期待しながら何気なく東の空に目をやると、おや、あれは？　山々の黒いスカイラインの上ぎりぎりの空に三つの星。まぎれもなくオリオンだ。

オリオンの三つ星といえば冬の夜空の代表。そのオリオンに夏の盛りに出会えるとは！

「北アルプスの白馬に泊った八月初めである。絶頂の日出を見るので、夜半に起きた。そして、すぐ小屋から出て星を見た。こういう時、僕はいつも「もしや」という期待が起る。――「もしやオリオンが上ってはいないか」という。果して出ていた。（略）九月の末頃まで逢えぬものと定めていた三つ星を、一万尺の高山の暁に見ようとは思わなかったので、僕は寒さと嬉しさとにわくわく顫《ふる》えながら、「オリオン！　オリオン！」と呟《つぶや》きつづけていた。」

（『野尻抱影の本　1　星空のロマンス』所収「白馬のオリオン」）

東京でも夏、早起きすれば見られないことはないと野尻抱影は別のところで断っているが（『星三百六十五夜（下）』所収「八月・白馬山頂」）、いまの東京の夜空ではムリである。山はほんとにありがたい。冬の星と夏に出会えるのだから。
いま、大半の人々の生活から夜空の星は消滅してしまった。寒風に吹き払われて塵の少ない冬の凍てつく夜、帰宅の途中にやっといくつかの星が見つかる程度。清少納言が「星はすばる」といったプレアデス星団も、ベテルギウス、プロキオン、シリウスのあの冬の大三角もオリオンも、なかなかたのしめない。夏の北十字、南へ向かって雄大な飛翔をする白鳥や南天のさそりもまた、都会の空からは消えてしまった。

「いまの世の中には、もうわずかのものしか存続していない。夜はもう存在しない。寒さも、風も、星も。すべてが打ち壊されてしまった。生命のリズムはどこにあるのか？　すべてのものは、あまりにも早く過ぎ去り、騒々しい。いそいでいる人間は路傍の草を知らない。その色も、香りも、風が愛撫する時の輝きも知らない。」

（ガストン・レビュファ、近藤等訳『星と嵐』）

たしかにそのとおりである。しかし、山ではちがう。寒さも風も、夜も星も、山にはしっかりと生きている。

「遠い土地土地に旅して」と野尻抱影は書いているが、それは「遠くの高い山々に登って」と言い換えても同じことだ。

「そこの空に輝く星を知っていることが、どれほど旅情を濃《こまや》かにしてくれるだろうか。別けて高山の寒気に顫《ふる》えながら、暑さにまだ蚊帳《かや》を潜《くぐ》らぬ都会の人々と同じ星を眺めていることを思う興味は、とても他の人達に恵まれぬ楽しさであると言いたい。」

（『星空のロマンス』所収「夏の星空」）

北岳に登る野呂川のほとりの広河原、深い谷の底から見上げる空には――。

「月の光にもまぎれず、青白い星が一つ、つつましやかにきらめいているのが目に入った。何の星だろうと見つめている間に、織女だと判った。その瞬間、思わず、「君、そこに来ていたのか」と、声をかけたいほど懐しかった。東京の庭でいつも夕涼みに見ていた星が、この遠い南アルプスの谷まで、いつの間にかこっそり尾《つ》いて来ていたような気持がしたからだった。」

（『星三百六十五夜（下）』所収「駒鳥の谷」）

山で見る星。もうひとつ、わたしの忘れられない思い出は、もう五十年以上も前、二十代のはじめのころ、雪の富士山に向かって夜の闇のなか、富士吉田からの長い山麓の道を何度か歩いたことがある。空はまさに「粉ダイヤ」だったが、ふと目を上げて行く手を仰いだとき、正面だけ、ある形にすっぽりと暗く黒く抜けて星影が消えているのだった。それは富士の黒く大きな姿だった。

*

「屛風、前、奥、涸沢、北と四方を高い鉄の嶂壁《しょうへき》に取り巻かれたこの暗いカールの底では僅かの焚火は人影をゆるがせてかえって寂しさをますばかりであるが、それにくらべて天上の世界は何という賑しさであろう。星影まばらな空の涯は周囲の岩峰のためにかくされているので、見えるのは中央のすばらしく派手やかな部分だけだ。夜目にもいちじるしいリッジの線を境にして下は暗黒の世界、上は光明の世界である。」

書上《かきあげ》喜太郎の名作「穂高星夜」の一節。近年の夏の穂高涸沢は数百のテントが並び、青い灯紅い灯で埋まって都会の盛り場のようだと聞いているから、ここに描かれているように「下は暗黒の世界」というわけにはいかないのかもしれないが、山の夜空は、星が山の形を映して幻想的な影絵の世界をつくりだす。

次もまた「穂高星夜」から——。

「穂高を中心とした二十日近くの山住みのうち一番多く暮したのは穂高小屋だった。小屋は君も知っている奥穂と涸沢岳の鞍部にできたので眺望は大きい。雲海の涯に夢のように浮ぶ白山の雪が、さまざまの色彩の変化を見せながら最後に夕闇の中に没し去ると、続いてすばらしい星夜がくる。大天蓋一面に張りつめた艶やかな黒ビロード、それにはめ込んである大少無数の宝石がとりどりの色にキラメキ始める。小屋から見ると涸沢岳は正北に当るので北極星はちょうどそのピークの真上に輝いている。(略)実際北極星を中に置いて、右にカシオペア左に大熊と、シムメトリカルに並んだ形はどこで見るのと少しの変りもあろう筈はない。しかしこの二座を両の天秤として北極星をその心棒に見立てると、その下にどっしり根を据え黒々と鉄のようにうずくまっている涸沢岳がちょうどいい具合にこの巨大な秤の堅固な台となるのが実に面白い。ついでに空想を駆って、露営の晩餐のスプーンが上って北斗七星となり、僕等のテントのマークのWが飛んでカシオペアとなったとでも思えば、もうすっかり童謡の世界になってしまいもするのだが、僕たちはもう少し厳粛なものを見た。夜のふけるにしたがって七星は沈みカシオペアは上って行く。一は蒲田の谷深く一は梓川の空高く……いやいや、星が動くのじゃない、穂高が動くのだ信州が沈み飛驒が浮き上りながら日本の国が動くのだ。地球が東へ廻るのだ。（略）星によって地の動くことを知るのは何も山でなくてもいい、しかし天に対して地を代表するに相応しい穂高の山にきて、その山の動くのを見た僕たちは、両極を中心とする地球の自転運動を初めて身に感覚したような気がして、強く心を打たれたのだ。」

山小屋の夜はにぎやかだ。しかし、ひととき、その座をはずして天界のにぎわいに身を浸してみよう。「山での夜こそは、アルピニストの生涯でも最も美しい思い出」（『星と嵐』）になるはずなのだから。そして――。

「山がたえず差し出してくれる数限りないよろこびをどれ一つとして拒絶してはならない。なに一つしりぞけないこと、なに一つ制限しないこと。渇望し、憧憬し、早く登る技術も、ゆっくり歩く術《すべ》も身につけ、さらに静観もできるようになること。生きることだ。」

（『星と嵐』）

そう、この夏もまた、山がくれるよろこび、大熊や小熊、白鳥やさそりはもちろん、冬のオリオンにも会いに行こう。

北アルプス・白馬岳

北アルプス・前穂高岳

〔九月・1〕

山の発見

九月。長月《ながつき》。高い山では八月の半ばを過ぎればもう秋が始まっている。その気配は、空の色に、風の匂いに、雲のさまに、草花に、山ではもうはっきりと感じられる。秋きぬと目にはさやかに見えねども……という『古今和歌集』藤原敏行の歌はだれでも知っているが、山では、それははっきりと目に見えるのである。

「秋風はとにかく日本文学では大事にされた。『万葉集』には秋風と春風はあるが、夏風・冬風はないし、『古今和歌集』に吹く風もまた、秋風と春風だけ」なのだそうだ（半藤一利・荒川博『風の名前　風の四季』)。日本人にとって、秋はなにか特別な季節のようである。それを受けているのかどうか、山の文章もまた、秋は特別に豊饒である。十一月までをひとくくりの秋の山として扱ってみることにするが、ここではそれはひとまず置いておいて、ある年の夏、北海道の山に行ったことがある。目標はオプタテシケとトムラウシ。前者は天候悪く途中で断念、後者は快晴。トムラウシは『日本百名山』のひとつだからなじみはあるが、オプタテシケは、聞き覚えはあっても特別に意識している山ではなかった。ところがある年の秋の初め、美瑛《びえい》のあたりから東の山々を眺めわたしていたとき、ひときわ目をひいたのがこのオプタテシケであった。それは十勝岳よりもはるかに魅惑的で、つよく頭に刻み込まれた。そして数年後、その山をめざしてみたのだったが……。

　あたりまえのことだが、山となじみになるのには登ってみるのがいちばんだ。しかし、それ以前に、山を遠くからでも眺めてみるのがいい。そうやって眺めているうちに、並び立つ山々のなかからおのずと、ひとつかふたつの山が網膜に焼き付くことになる。

「七月　山での出会い」の項では山での人と人との出会いを話題にしたが、一九五三年、イギリス隊がエヴェレストに初登頂したときの隊長ジョン・ハントの著作に *Life is Meeting* がある。人生は出会いだというのだが、相手が山でもそれは同じこと。「山の発見」、それは山での出会いではなく、山との出会いである。わたしたちは、あるとき、どこかで特定の山と出会うのである、わたしのオプタテシケのように。それはいつ、どんな形で訪れるのだろう。

「岩と土とからなる非情の山に、憎いとか可愛いとかいう人間の情をかけるのは、いささか変であるが、私は可愛くてならぬ山を一つもっている。」

（石川欣一『可愛い山』所収「可愛い山」）

石川欣一は後年、毎日新聞社で欧米特派員ほかの要職を経験し、E・S・モース『日本その日その日』やチャーチル『第二次大戦回顧録』を訳した人だが、学生時代の夏休み、白馬岳に登りに行った帰り、下山の途中――。

「ふと北の方を眺めた私は、桔梗色に澄んだ空に、ポッカリ浮ぶ優しい山に心を引かれた。何というい山だろう。何という可愛らしい山だろう！」

そしてその山が雨飾《あまかざり》山だと教わるのである。これは一九一五（大正四）年前後のことで、いまでこそだれ知らぬ者もない雨飾山だが、当時その山の名を知るのは、ごくごく限られた地元の人くらいであったろう。その名が広く知られるようになったのは『日本百名山』以後のことであろうから。その深田久弥が初めてこの山をめざしたのは一九四一（昭和十六）年。

「雨飾山という山を知ったのは、いつ頃だったかしら。信州の大町から糸魚川街道を辿って、青木湖を過ぎたあたりで、遙か北方に、特別高くはないが品のいい形をした山が見えた。（略）つつましやかな、むしろ可愛らしいと言いたいような山であった。私はその山に心を惹かれた。」

（『わが愛する山々』所収「雨飾山」）

深田久弥の頭には石川欣一の文章の残影があったのかもしれないが、後立山《うしろたてやま》連峰に行くたびにその姿を「視界の中に探すことを忘れなかった」という。ふたりともはるかに眺めたその姿によって、新しい山と出会ったのである

「鳥甲という山知ってる？　とそのころ山友だちに会うとこっそりたずねるのが嬉しかった。」

「鳥甲？　まてよ、聞いたことがある山だ。こういう言い方をするものは、さっさと知らない部類へ入れてしまい、自分も登ったことはないけれど、仲間の誰も知らない山に憧れているのが、いかにも爽快だった。」

串田孫一「鳥甲山」（『串田孫一集　3　岩の沈黙』所収）の冒頭部分である。

雨飾山と同じく鳥甲山《とりかぶと》という不思議な名前の山も、関東・甲信越の山登り愛好派のあいだではいまや常識的存在だが、ここに書かれているように、五十年ほど前にはほとんどの人が知らない山だった。鈴木牧之《ぼくし》の『北越雪譜』や『秋山記行』にも出ているよ、などと先刻承知のような顔でいわれるようになったのも、実のところはこの「鳥甲山」によってその山が広く知られるようになってからのことである。

「鳥甲山」の作者がこの山を見つけたのは「地図を手当り次第にひろげて見て」いてのことで、「五万分の一の「岩菅山」の北部に著しく目立つ露岩記号があった。その上へ続く「苗場山」をひろげて接ぎ合わせてみると、鳥甲山があった。岩の記号を見ていると谷川岳に似ている（略）。」（『岩の沈黙』所収「鈴木牧之『秋山記行』」）

こうして「発見」された山に作者が出かけて行ったのは一九五七年のこと。（『岩の沈黙』所収

「鳥甲山」に一九五二〈昭和二十七〉年とあるのは勘違いで、一九五七年が正しい。)

　このように地図を眺めていて新しい山との出会いを経験するたのしみは、むかしはたくさんあったのであろう。大島亮吉が谷川岳を「発見」し、「主として谷川岳の下調べに行きたるなり。総ては尚研究を要すべし。近くてよい山なり」と記したのは一九二七(昭和二)年のことだが、きっかけはやはり地図の露岩記号からである。

＊

　雨飾山も鳥甲山も、そして谷川岳も、こうしてつまりは「発見」されたのだが、それを読む側もまた、その作品によって、新しい山と出会うことができるわけだ。わたし自身、雨飾とか鳥甲という山の存在を知り、そこに登りに行くことになったのは、これらの文章に誘われたからだった。こうしていままで知らなかった山と出会う喜びを先人の文章から汲みとることができるのだが、別の例をあげれば、わたしが九州の九重山に行きたいと思うようになったのは、例の「人みな花に酔うときも　残雪恋し山男……」の『坊がつる讃歌』によって「坊がつる」という地名が刷り込まれてからのことである。奥日光戦場ヶ原のミニチュア版といった趣のその場所を踏んだのは、歌を知ってから何年もあとのことだが、その歌に触発されなければ、九重山を訪れるのはまだまだのちのことになっていたかもしれない。

＊

日本には二〇〇〇メートル以上の山は六百四十二あるのだそうだ。そのすべてに登ってしまった人の記録『山頂渉猟』（南川金一）もまた、新しい山との出会いを語っている。

「今となっては昔のような人跡稀で静かな山は望むべくもない。では、〝熊、狼、山狗の本場〟と見られていたような探検的な奥深い山は、この日本の国土から完全に消え失せてしまったのだろうか。私はそうは思わない。（略）大げさないい方をするなら、原始の姿そのままの山がいくらでもある。もとより人跡未踏ではないし、探検登山時代とはまったく同じではないにしても、それに近い雰囲気の山が今なお少なからず残っているのである。（略）いずれも今や道はなく、歩く者はいないところである。そのようなところを歩きながら、かつてそこを歩いた先達に思いを致すとき、その山への思いを先達と共有することができたように思うのである。それはこの上なく贅沢であり、幸せな思いだった。これも日本の山の再発見につながるものではないか。」

「もとより山は高さで線を引いて登るものではない。趣味であるから、そんなことには構うことなく登って楽しめばよいのである。（略）その意味では、二〇〇〇メートルなどという線引きは意味のないことである。高さにかかわらず「日本の山の再発見」に通じるような山はまだまだいくらでもあるといえる。」

新しい山との出会いは、展望から、本から、地図から、そして山に登るその人のこころのなかから生まれるのだろう。

〔九月・2〕

錦繍の山旅

九月は番外でひとつ多く掲載することにする。日本の山の大きな魅力である錦繍の山のことをおろそかにするわけにはいかないのだから。

黒部の谷の開拓者・冠《かんむり》松次郎も「一年の中で、山の景色の最も色彩に富み、変化の豊かなのは、初夏と秋である。新緑と残雪の頃と紅葉と新雪の折とである」と書いている（『渓』所収「日本アルプスの紅葉境」）。大島亮吉は「春に行ってよかった山へは、秋にもまた行こう」と言っているが（『［新編］山　紀行と随想』所収「小屋・焚火・夢」）、春と秋とは、日本の山の場合、同じ盾の両面であって、新緑がきれいなのは広葉樹で、それは紅（黄）葉もまたみごとなのだから、ふたりのこの言葉は道理にかなっている。そのうえ秋の山が多彩なのは、色だけではなく、空気の質感や空の色、雨や月など、道具立てもまた豊かだからである。

九月、
秋が来たなあ！
あのまっしろな夏の雲が爆発して
果てしも知れず遠くなった紺青の空の遙かな高みに、
秋は郷愁の歌のように流れている。

尾崎喜八の詩集『曠野の火』（『尾崎喜八詩文集１　空と樹木』所収）にある「秋の歌」の冒頭。
詩はつづく。

九月、
どこからともなく狩の笛の音が響いて来る。

煙硝や、山の落葉や、獲物のにおいが
酸素の多い空気にまじっておって来る。
ああ、白樺の林をとおる時雨の音、
谷底へおりてゆく桟道の日光。
そんなものが僕の新しい精神をめぐっている。

そして詩人は都会の憂鬱な夜霧に包まれたコンサートホールで音楽を聞いている。

すると、とつぜん、
電気のようなものが逆さに僕をつらぬいた。
僕は秋の山野の自然を見た。
そこを流れる雲を見、
そこに鳴り響く風を聴いた。(略)
僕はやにわにそこをとびだすと、
夜の列車に身を投じた。

もっと自由でおおらかなものが欲しく、
飾りけのない頑固で熱烈なものが欲しく、
――山また山へつらなる星、
清潔で新鮮な泉と太陽、（略）
僕がその晩飛ぶ鳥のように都を立ったのは、
この世ではもはや珍貴になったそんなものが
遠くから僕を招いて引きよせたからだ。

「狩の笛の音が響いて」というと角笛を連想するから、そのような情景が日本の山でもあるのかどうか、という疑問はさておいて、「この世ではもはや珍貴になったそんなものが」あふれるようにある世界――それが秋の山であることはたしかだ。

五月の項でも説明したように、新緑と紅葉の山の特質を「五月の色彩の音楽的な調和」「十月の色彩の象徴的な閃き」と表現したのは田部重治《たなべじゆうじ》（『新編　山と渓谷』所収「笛吹川を溯る」）。季節とは別に、田部は、日本の山の特性を次のように表現しているのもまた忘れるわけにはいかない。

「山に登るということは、絶対に山に寝ることでなければならない。山から出たばかりの水を飲むことでなければならない。なるべく山の物を喰わなければならない。山の嵐をききながら、その間に焚火《たきび》をしながら、そこに一夜を経る事でなければならない。」

（『新編　山と渓谷』所収「山は如何に私に影響しつつあるか」）

＊

さて、美しい日本の秋の山を訪ねてみよう。最初は、日本の山の特徴を豊かに備えている山地・尾瀬と奥鬼怒。

「その時、私たちは狩小屋沢を溯って至仏山を越え、尾瀬ヶ原へ降りたのであったが、その狩小屋沢の源頭から至仏の紅葉を眺めた印象は、今なお私の頭に残っている。満山の錦で、その間に点々と浮島のように岩石がそそりたっていた。優美な紅葉の色調と、それを引き緊めるように峻厳な感じの岩石と、双方相俟《ま》って、みごとな美の効果を作りだしていた。」

（深田久弥『瀟洒なる自然』所収「秋の山の湯」）

「満谿を埋むる闊葉樹の大森林は、見渡す限り赤と黄と其間《そのかん》のあらゆる色とに染められて、朝暾落暉《ちようとんらつき》の光に炎と燃える雲の幾群が谷中に瀰漫《びまん》したようである。昵《じつ》と見ていると丸く盛り上がった一つ一つの梢は、大きな竈《かまど》の中で渦を巻く焔《ほのお》のように、明るくなったり暗くなったりして、光と蔭と錯綜した曲線の皺がモクモクと動いているようだ。それが谷風に煽られて、燎原の火の様に山麓から山頂へと一気に音もなく燃え拡がって行く。まるで大きな山火事だ、と私は思った。」

（木暮理太郎『山の憶い出（上）』所収「秋の鬼怒沼」。朝暾落暉は朝日夕日のこと）

北アルプス・槍ヶ岳周辺では——。

「いつか九月下旬に槍の肩から千丈沢を下って、湯股温泉へ出たことがある。温泉小屋はもう無人で、川ぎしの一劃《いつかく》を石が囲んだだけの野天風呂があった。紅葉の盛りには少し早かったが、もう山はうっすりと色づいて、木の種類によってはもう燃えるような赤い部分もあった。よく晴れた静かな秋の日だった。湯の中で数日分の山旅の汗を流し、伸びた髭を剃り、そして無心に紅葉を眺めているだけで、幸福は無限であった。」

（『瀟洒なる自然』所収「秋の山の湯」）

上高地では――。

「上高地の紅葉は、黒部や双六谷の紅葉の、朱泥をぬりつぶしたような絢爛さはないが、ここではむしろ様々な色の重なり、黄、樺、朱、紅、萌黄などが、大きく配合されたそのつづれの錦が、穂高、明神、霞沢の雄大な山の懐から裾にわたって織り出されている美しさにあると思う。

紅葉の色が、山の懐から中腹にさらに渓にうつって行くために、山は三段の色幕に飾られて、変化の美しい姿を見せている。黒部でも三段もみじと言われているが、穂高、明神の巨体を包んでだんだらに染め出された紅葉の幕は、また格別の美しさをもっている。」

「そして帰途には徳本峠を越えて見るとよい。峠上からの新雪を浴びた穂高岳の威容に接して、島々谷の方へ下って行くと、ちょうど里山の紅葉の盛りで、丸い真赤な山々の重なっているのが珍しい位美しく見える。」

（冠松次郎『渓』所収「日本アルプスの紅葉境」）

穂高岳では――。

「天気の良い日の穂高は底知れぬ井戸のようだ。おそらくどんな大きな音をたてても、みな吸い取ってしまうのではないか？　カランカランと秋風が身体の中を吹き抜けて行く。ひからびて、空ろで、軽い――秋の山だ。」

（松濤明『新編　風雪のビヴァーク』所収「錫丈岳・穂高岳」）

黒部川棒小屋沢では――。

「野営地に帰ったのは午後五時過ぎ、もう天幕も張られ、蒼茫たる谷間に露営の煙は悠々と立ち上っている。泊まり場の周囲をとり囲んでいる紅葉の美観を賞しながら夕餉を終わると、夕星は静かに淡碧の空の奥からまばたきを始めた。雲霧はやまった。今夜も名月であろう。」

（冠松次郎『黒部渓谷』所収「紅葉と新雪の黒部流域」）

山の文章に秋を訪ねる最後は、前項でも紹介したが石川欣一の「可愛い山」。これを外すわけにはいかない。日本の山の文章のなかでもベストいくつに入る、まさに澄明な秋そのもののような佳品であるからだ。

「秋の花を咲かせている高原に立って、遙か遠くを見ると、そこに美しい山が、ポカリと浮いている。空も桔梗色で、山も桔梗色である。空には横に永い雲がたなびいている。

まったく雨飾山は、ポカリと浮いたような山である。物凄いところもなければ、偉大なところもない。怪奇なところなぞはいささかもない。ただ優しく、桔梗色に、可愛らしい山である。」

そしてその「可愛い山」には、「信越の空が桔梗色に澄み渡る秋の日に、登って見たい」と願うのである。

＊

山は、どの山もそこに登るのにいちばんいい季節《とき》があるだろう。空が桔梗色に澄みわたる秋の日に、あるいは紅葉が朝日・夕日に映えて炎と燃える雲のように谷を埋める日や山火事と見紛うばかりの日に、あるいはまた山が三段の色幕に飾られる日に、そしてその山に雲が流れ、風の音が鳴り響く日に、無限の幸福が味わえるような日に。

〔十月〕

ひとりで登る山

十月。神無月。読みは、かみなづき、かんなづきなど。八百万《やおよろず》の神々が出雲大社に集まり、在所にいなくなってしまうからという説がある。男女縁結びの相談をするためというが、神々も年に一度は顔を合わせ、久闊《きゅうかつ》を叙したのであろう。しかし俗説ともいい、当て字説もあって、「神嘗月《かんなめ》」だとか「醸成月《かみなし》」（新酒をつくる月）だとか、定かでない。

日本の山は神々にあふれていて、かつては山頂はもちろん、木にも草にも石にも神の存在があった。林道が抜け、ロープウェイがかかり、高山の稜線にまでクルマが走る現代、山の神無月は十月だけではなく、年間通しての神無年かもしれない。
日本では「もともと山は、魔界である以上に神界であった。」（町田宗鳳『山の霊力』）
そこは「文字通りの聖域だった」ので、「そこへ足を踏み入れることができる者は、肉体と魂の双方において、それなりの資質をもち、精進潔斎という一定の準備期間を経ることが必要であった。」

「近代登山をきっかけとして、山にかぶせられていた神秘のベールがあっけなく取り払われ、べつに山に入っても、天狗に攫われるわけでも、山姥に取って食われる心配もいらなくなった。ましてや山の神の怒りを怖れて、さまざまなタブーを守るために禁欲主義的な行為に自己をさいなむ必要もなくなったのである。」
「山から神秘性が抹消されたということは、同時に平地に広がる日常空間の存在意義そのものが希薄になることを意味した。なぜなら、人間が住む日常的な空間としてのコスモスが、安全で幸福な場所であり続けるためには、それを脅かす非日常的な空間としてのアンチコスモスとの緊張関係が、ある程度まで維持されていることが不可欠だからだ。しかし、今や日本列島から、アンチコスモスとしての神話的空間の消滅が起きてしまったのである。」

（いずれも『山の霊力』）

日本人の「いのち」の源は山にあり、山のもつ「霊力」が日本人の精神を形づくってきたと著者はいう。いまそこに深入りする余裕がないので、詳しくは本書を繙《ひもと》いていただくとして、「神話的空間」や山のもつ神秘性、あるいは「霊力」を現代に甦らせるためにできることはなにか。その答のひとつは、わたしは山をひとりで歩くことだと思う。串田孫一もまた「独りの山旅」（『若き日の山』所収）と題してつぎのように語っている。

「たった一人で山を歩くと言うことは格別の味があり、私は昔から好きだ。独特の印象が残る。」

「独りの山旅は無論寂しいことであって、その旅が長ければ、何日も口をきかずにいることになるし、痩尾根などで径がはっきりしない時や、急に谷から霧が吹きあげて来て、私を盲目同様にしてしまう時などは、それは何と言っても心細い。けれども、その寂しさ、心細さの中で、大きな山から受ける試練はずいぶん貴いものがある。」

そこには強い緊張があるのだが、「山での行為は、この緊張感こそ貴いのであって、それは何よりも独りの時には最も切実に用意されるからである。」そして、「準備に怠りがなければ、独りの山旅の経験は、精神的にまたえられることが極めて多くまた大きい筈である」とも言っている。

ひとりの山歩きにはそれなりの危険があり、相応の準備や経験が必要ではあるけれども、その魅力を語る文章は多い。

「ひとりで歩いていてもつまらないではないか、とよくいわれるが、私の場合、それに答えるには、山へ何しに行くのか、という、山行の原点、目的意識にさかのぼって行かねば完全な答は出てこない。（略）その場合、私の山へ求めるものの第一は、静けさ、あるいは疎外感ということが出来る。つまり、山という隔絶の中で、自分を見つめてみたい、ということになり、それを裏返しにいうと、私には静かな山ほど孤独感にすぐれた高級な山といえる。」

（田淵行男『黄色いテント』所収「或る単独行者の独白」）

そして「私にとって単独行は、人類の原点とめぐり合う回帰の旅であり、同時に、私の中の野性を模索する遍歴」だと言うのである。そこからひとりの山でテントを張るとき、タブーにしている場所があるという話が生まれる。「その一つが深い黒木の森林で、他の一つが流れに沿うた岸辺」だという。前者は「底知れない未知の世界を連想させ、窺い知れぬ秘密を隠して不気味」だからだし、後者は流れの音が「身辺の情報伝達を妨げる」からである。そしてそれは「昔の人のいみじくもいう「物の怪《け》」にあたる」ので、「人類が遠い祖先からうけついできた原始性の名残りのように思われる」という。

「おお、光が失せてゆく、一日が消えてゆく。同じ山が、光が消えるとどうしてこんなにも重苦しいものに変るのであろう。薄明りの中に巨木が化物のように浮かび出ている。見上げる梢の方は薄暮の中に煙って、その間隙から覗く空はどんよりと暗い。生温かい風が音もなく吹き寄せて、原始の世のような不気味な静寂、何者とも知れぬ巨きなものがひしひしと押し迫ってくるような感じである。静けさを破るのをはばかるように、そうっと雪を踏み固めてツェルトを被った。

怖ろしい夜であった。さわとも波打たない四辺の空気に、魂が一滴一滴吸い取られてゆくような気がした。この世のものとも思われぬこの闇の中に、自分のツェルトのみがほんのりと浮き出ているのかと思うと、たった一本の蠟燭をともしていることすらが無性に怖ろしかった。」

春の南アルプス遠山川をさかのぼり、易老岳への途中の雪の森の中でひとりの夜を迎えた松濤明の経験（『新編　風雪のビヴァーク』所収「春の遠山入り」から）。

＊

「物の怪」「怖ろしい夜」、そして静けさ。いずれもが「山の霊力」であろう。そしてそれを感じとることができるのが、現代では、ひとりの山なのではあるまいか。それこそが「山の醍醐味ともいえるであろうし、また山旅の真骨頂ともいえる境地であったかもしれない。」（『黄色いテント』所収「或る単独行者の独白」）

山を歩くのには、仲間、家族、あるいはグループと、さまざまな組合わせがある。いずれもたのしい。しかしそのなかに、ひとりで、という形を経験してみることは、山の魅力と本質とを心底味わうのにははずすことのできない条件である。極論的にいえば、ひとりでの山歩きを経験しないかぎり山の真の味わいを会得することはできないとわたしは思う。

「大勢でがやがや歩いていては、例えば鳥の鳴き声ひとつにしても、仲間同士の話声に消されて、耳には届かないし、足元をよぎっていく小さな山の動物たちの姿や足音にも、気づかずに通り過ぎてしまう。」

（『黄色いテント』所収「或る単独行者の独白」）

「山は一人で登るとき、最も人間に近づいてきてくれる。」

（『山の霊力』）

「もしも登山が自然から色々の知識を得て、それによって自然の中から慰安が求めえられるものとするならば、単独行こそ最も多くの知識を得ることが出来、最も強い慰安が求めえられるのではなかろうか。何故なら友とともに山を行くときは時折山を見ることを忘れるであろうが、独りで山や谷をさまようときは一木一石にも心を惹かれないものはないのである。」

（加藤文太郎『新編　単独行』所収「単独行について」）

そして昨今はやりのグループ登山などでは――。

「なるべく小さなグループを編成すべきだろう。そして休憩のとき以外は、沈黙を守るのがいい。山を歩きながら、ラジオをかけている人がいるが、あれでははるばると山にやってきた意味がない。山に入れば、山の音を聞くべきだ。」

（『山の霊力』）

熊除けのためであろうか、鈴を鳴らして山を歩く人がいる。そういう人と出会ったら、わたしは、熊を真似て遠く避けることにしている。たしかに熊との遭遇は避けたい。そのための予防処置として、登山用具店には鈴がそれこそ鈴生《すずな》りになって売られている。仮に鈴が熊に対して有効だとしても、ひとりひとりが鈴をつけたザックを背負って十人のグループができたとすれば十個の鈴が鳴るわけだ。そういう山歩きは、次の項でも説明するが、けっして日本の山歩きにふさわしいものではない。

高速道路には車間距離をはかるための標識がある。グループに限らず複数で山を歩くときには、鈴はもちろんないことにして、そのうえでさらに、時に応じて人間《じんかん》距離を広くとって歩いたらどうだろう。それだけでもひとりの山の雰囲気は味わえるはずで、山の霊力や霊気を、神秘と静寂を、神々の里帰りを感じとることができるのではなかろうか。

〔十一月〕

静かなる山

十一月。霜月《しもつき》。山は晩秋、初冬の姿で、高い山稜は日ごとに白さをまして雪山への期待がふくらむが、一方、錦繡の名残をとどめる蕭々《しょうしょう》とした山は、落ち着いた山歩きに最適な季節である。いずれにしても、秋、といえばその枕詞は静けさ、それも寂しさをともなう静寂であり、こころ静かに物思うとき、である。

心なき身にもあはれはしられけり鴫《しぎ》たつ沢の秋の夕暮

だれでも知っている西行法師のこの歌も、秋以外の季節では成り立つまい。

かたはらに秋ぐさの花かたるらくほろびしものはなつかしきかな
いただきの秋の深雪《みゆき》に足あとをつけつつ山を越ゆるさびしさ

いずれもご存じ、若山牧水の歌（『若山牧水歌集』所収「路上」）だが、ここでも主題は静けさであり寂しさである。

さて、このような静けさ、寂しさと山登りとはどのようにからむのか。秋にあわせて、少々物思いにふけってみるとしようか。

「山へ登る人のなかには、大勢の人が登り、いささか喧騒をきわめているような山が、好きな人もいるように思われる。しかし、われわれは山に関する限り、喧騒は甚だ嫌いだし、つとめてそれからは避けるようにして、山を選び、登ってきた。

それは、なにも隠遁者ぶったりする心情からではない。もともと山登りとは、登る人と山とが向い合うことであり、独りで登る場合は勿論、数人で登る場合でさえも、登る人一人びとりが、それぞれに山と向い合って、楽しみもし、苦しみもし、或いは考えもしているのである。その点では山登りは最も個性的な営為であり、愉しみといっていいだろう。と同時に、静かなる山の場合にこそ、山はそれに向い合った登山者の肌身に、ひたひたと触れてくれる筈である。」

一九七八年に東京御茶ノ水の茗溪堂から出た『静かなる山』、そのまえがきで著者のひとり望月達夫が述べている言葉である。

ここで言われていることは、前項の「十月　ひとりで登る山」の世界と共通していて、じつに適切に山登りの本質をとらえているのだが、わたしは、山、それも日本の山の場合にはとくに、静寂こそがいのちであり、基本であると思う。そして、山に登ることは明るくたのしく、暗い影など引きずらない遊びのはずだが、実際には、その明るさ、たのしさには、寂しさや憂いや静けさが隠し味のように密着している。そしてそれが隠し味の領域を超える主要な味付け、つまり本質として姿を現してくることがある。

「ひとり息子で、ひどく寂しがり屋の癖に山の好きな人を、私は随分知っている。山の遭難者にひとり息子や、長男が多いとよく言われるが、もともと山の好きな人間がひとり息子や、長男に多いためだからではないだろうか。

私もひとり息子のうえ、ひどく寂しがり屋である。あるとき、私の母は、山の写真を見て「山って、とても寂しそうね」と言った。「その山へ、僕はひとりで登ったんだよ」と、もし私が傍から母に言っても、恐らく母は私のこの言葉を信じないだろう。

山行も合宿とか、大勢で隊を組んで出かけて行く時は、それこそ賑やかで都会にいる時よりも余程気がまぎれるが、しかし、単独行の場合は全く逆である。たったひとりの山行で誰にも会わないと、自分がまるで天地創造の原始世界にひとりぼっちで生きているみたいな荒寥とした孤独感に襲われることが多い。だから、私は単独行は嫌いである。やはり私のような単独行の嫌いな友人にSがいる。彼はパーティを組んで行く山行だとリーダーとして優れた技能を発揮していろいろむずかしいルートを登るのだが、ひとりでは全く初心者でも登れそうな山でさえ、なんらかの障害を理由に途中から引き返すことが多かったのを憶えている。やはり、きっと自分の技倆に自信がないと言うのではなくて、ひとりぼっちで山へ登るのが寂しくて堪えられないからなのだと思う。」

安川茂雄『回想の谷川岳』所収「ひとり息子の山」から。このあと、作者はひとりで谷川岳一ノ倉沢三ルンゼを登りに行くのだが、目覚まし時計をザックに入れて岩に取付く単独行の一篇は、みずみずしく明るい青春と、山登りが本質的にもっている寂しさとの混淆を示している。

＊

日本で千五百を超える数の山に登り、大興安嶺やヒマラヤ、あるいは太平洋の島やアフリカ、そして学問の分野でも未知未踏の世界を志向した今西錦司は、静かな山こそが好きなところなのだと回想している。

「山登りが好きになったというのも、もとをただせば都会の人ごみとは正反対な、人気のない、山の原始さや清浄さに、ひきつけられたのにちがいない。若いときには一応、アルピニズムとやらにもこってみたが、この年になって、もうそんなしつこいものは、すっかり洗いすててしまっても、なお依然として、ぼくの心に誘いかけてくる山がある。その山は、人気のない、さびしい山なんだから、それがきっとはじめから、ぼくの好きな山なのにちがいない。

都会や文明から逃避するため、そんな人気のない山を求めるのだろう、などと思われては困る。じつは、そんなあまい気持ちを、すてるために山へゆくのだ。小さな山でもさびしい山へ、ひとりで登ってごらんなさい。眼も耳も鼻も、とぎすまされたように鋭敏になる。それをとおして、山の語る言葉もわかるようになる。

ひとりだったら、山はじつにいろいろなことを、教えてくれるものだ。猟師やイワナ釣りが、山にあかるいというのも、彼らがしょっちゅう一人で山を歩いているからであろう。このごろは山の遭難が頻発するようだが、一人だったらとっくに引きかえしているところを、山にたよらず人間にたよるため、つい取りかえしのつかぬところまで、踏みこんでしまうのである。」

（『私の自然観』所収「好きな山」）

そしてさらに話を進めてこうも言うのである。

「しかし、ぼくの疑問に思っていることが、一つある。このごろの若い人たちは、一人で山へ登っても、ちっともおもしろくないという。どうやら人間の方に密着しすぎたため、自然に対しては残念ながら、すっかり不感症になってしまったのでなかろうか。」

ひとりで山を歩くのは気のつよい強靭な神経の持ち主、というのはおそらく間違い。あの加藤文太郎は「一人で山登りはしますが――ほんとうは可哀想なほど――気の弱い男だ」と語っている（『新編　単独行』所収「山と私」）。

しかし、ひとりであろうと複数であろうと、この人たちが（前項も本項も）一様に山に求めているもの――それは、静かなる山であるし、そこから山が語りかけてくるものである。

大島亮吉の世界もまた、山の静けさを基盤にしている。『［新編］山　紀行と随想』にある「小屋・焚火・夢」からそれを見てみよう。いずれも季節は秋。「静けさ」が伴わなければ成り立たない世界である。

「インデアン・サンマアというような十一月のある日を、僕は落葉松《からまつ》の林のなかの枯草のうえにねころんで、遠くの雪で光る山頂を眺めて空想していたい。」（注。Indian summer＝小春日和）

「晩秋の峰は徳高き老翁のすがた。なんと気高い、なんと地味な姿で、その銀の額《ひたい》をかがやかしているのだろう。」

「落葉のうえを歩く足音ほど、心にひびく音はない。」

「日当たりのいい晩秋の枯草の斜面。空想を拾う場所。」

＊

唐突なようだが、フランスの作家ジュール・ルナールの『博物誌』に「とかげ」という話がある（同じものがルナールの『ぶどう畑のぶどう作り』所収「囁き」にもあるので引用はそちらから）。

「壁――なんだろう、背中がぞくぞくするのは？

蜥蜴《とかげ》――おれだい。」

これを流用して、混雑する夏の富士山を舞台に……。

「富士山――誰だおれの背中の上でガサガサやっているのは
人間――おれだよ」

松方三郎は「秋の山」（『遠き近き』所収）で、「ルナールの『博物誌』的にいえば」と断りながらこの挿話を取り込み、季節になると昆虫が出盛るように登山者が山にあふれる状況を「人間が昆虫の一種であるということは、山に登るとすぐわかる」といって、昆虫シーズンをはずせば「山は（注。この場合は富士山なのだが）きわめて静かで、誰にも妨害されることなしに山を楽しむことが出来る」と、山の魅力をやはり静けさにおいている。

＊

中学生のとき、Silence is gold. と習った。沈黙は金。しかし silence は静けさでもある。山にはその沈黙があり静寂がある。山では静けさこそが金である。その山の価値を見失ってしまっては山登りとはいえまい。谷崎潤一郎は一九三五年にすでに次のような意見をもっていた（『陰翳礼讃』所収「旅のいろ〳〵」）。

「元来山のよさと云うものは、人界を超越した雄大な感じ、人間に依って汚されざる清い空気を呼吸する点にあるのではないか。古人の万化に瞑合すると云い、天地の悠久を悟ると云い、神仙合一の境に遊ぶと云うのが、山登りの趣味なのではないか。もしそうであるなら、今日の信越地方のように宣伝されてしまったのでは、山岳としての意義を失う訳である。昔、小島烏水氏などが始めてあの地方の雪谿の美を説いた時分には、富士山は誰も彼も行く俗悪な山であるからと云うので、あの方面を開拓することが勧められたのであったが、今ではあの地方の方が、富士山以上に俗悪であるかも知れない。小屋と云えば済むものをヒュッテと云ったり、東京市中にでもあるような「何々荘」などと云う旅館が出来たりすることから想像しても、人界を超越するどころではなくて、最も人間臭い場所、田舎でありながら都会文化の尖端を行く土地柄になっているらしい。それ故ほんとうに山の霊気に触れようとする人々、昔の大峰の行者のような、敬虔な心を以て山登りを志す人々は、成るべく世間に知られていない山岳地帯を物色するより仕方がない（略）。」

「山高きが故に貴からず、人間臭や都会臭のないのを以て貴しとすれば、そう云う凡山凡水の方が却って山らしい趣があり、俗塵にまみれた心や腸を洗ってくれるかも知れない。」

山高きが故に貴《たつと》からず、という中国の言葉は、樹あるをもって貴しとなす、とつづくので、貴いのは見かけじゃなくて実質だよということだが、ここで言われているように「人間臭や都会臭のないのを以て貴し」とするのは、つまりは、山は静かなることをもって貴しとする、ということであるだろう。この文章で谷崎潤一郎は「山登りは嫌いである」と言っているが、山の本質はしっかりと見抜いている。

尾瀬ヶ原・中田代

雲取山から望む奥多摩・丹沢連山

霧ヶ峰・八島湿原

〔十二月〕

山頂の憩い

十二月。師走《しわす》。冬の訪れ。高村光太郎はそれを「きつぱりと」とうたった。そしてまた「きりきりともみ込むやうな」ともうたった。

きつぱりと冬が来た
八つ手の白い花も消え
公孫樹《いてふ》の木も箒になつた

きりきりともみ込むやうな冬が来た
人にいやがられる冬
草木に背《そむ》かれ、虫類に逃げられる冬が来た

冬よ
僕に来い、僕に来い
僕は冬の力、冬は僕の餌食だ

しみ透れ、つきぬけ
火事を出せ、雪で埋めろ
刃物のやうな冬が来た

（高村光太郎『道程』所収「冬が来た」）

おなじ作者に「冬が来る」という詩もある。そこでも冬は「寒い、鋭い、強い、透明な冬」

「力の権化」とうたわれている。そうなのだ。それこそが冬である。近年は暖冬などといって、ふやけた、なよなよとした、眠くなるようなのどかな冬が多いが、それでは冬ではないのだ。とくに山に登ろうとする者にとっては、高村光太郎とはちがった意味で、やはり冬は「きっぱりと」「きりきりともみ込むやう」にやってきてもらいたいのだ。

「都会のなかで、冬になっても外套をなるべく着ない、手袋は絶対にはめない、ズボン下ははかない、仕事部屋には火の気をおかない……ということが、何かしみったれたことのようにもとられる場合があるけれども、私としては、冬の山で自分がくやしい思いをしないための耐寒訓練のつもりである。

毎年普通の人よりも早く雪を踏み吹雪のなかに立って懐しい匂いをかぐ。それができなくなっては大変である。それでなくても、私の冬山の計画には、前にくらべてどことなく控え目なところが現われだしている。年齢にふさわしい慎重さということも、通用する考えではあるけれども、実は少々寂しいのである。」

そして冬の山で雪の降る夜を寒い天幕や雪穴のなかで過ごす。

「暖かいストーブの燃えている小屋も魅力がないことはないが、せっかく寒い冬なのだから、山へ行ってうんと寒い思いをしてやれという気持が私にはまだ残っている。そしてそれが自分には大切なのである。」

いずれも『串田孫一集 3 岩の沈黙』所収「冬の山」からだが、若いときに年末年始を雪の山で過ごそうとしていたときには、その何日も前から、わたしもたしかに、どんなに寒い日でも手袋をしない、手をポケットに入れない、コートは着ない、といった荒行(?)をしていたものだった。そしてそういうことをして、それに耐えている自分がうれしかった。その気持はいまでも消えてはいないつもりなのだが……。

*

さて、山の本のなかに四季を訪ねる話もこれが最後。季節にからんで、あるいは季節から外れていくつもの本をのぞき見してきたが、本にまつわる話には厄介な点があって、紹介した本がかならずしもすぐに読めるというわけにはいかない。おもしろい本だからと言っても、空振り（絶版・品切れ）ということがある。なるべく手に入りやすい本を選ぶようにはしてみたのだが、少しでも内容に親しんでもらえればと、ムリを承知で紹介したものもある。しかし、いつの日にか、その本とめぐりあえるのを待つのもまた、本を相手のたのしみのひとつと割り切ることにしよう。

山に登るのもまた、機会を待たなければならないことが多いが、登り残して気になる山も、本と同じで、執念を残しておけば、いつの日にか登れる（読める）日がくるにちがいない。そしてその山頂での豊かな憩いのひとときをたのしむことにしよう。

＊

山に登るのは山頂が目的で、晴天であれば嬉しいが、霧や雨であっても、山頂にはわたしたちのこころを和ませ、充足させてくれる不思議な雰囲気がある。山頂というのはありがたいところである。

「むかし案内人を連れて山へ行くと、その山男は、煮えあがった飯の最初の一つまみを必ず取りのけた。山の神へのお供えである。」

（深田久弥『瀟洒なる自然』所収「山頂」）

この文章はすぐに「もうそんな阿呆《あほ》らしいことをする人はいなくなった」とつづくのだが、山頂というのは、それなりの敬意を払うべきところだと作者は主張する。

「山の頂上だけは、安らかに清らかに、そっと残しておきたい。何もおきたくない。小さな石の祠一つで充分である。（略）北アルプスの北のはずれの静かな山の頂には、まるで宿屋の看板のようなデカデカした山名標示板が立っていた。それが自然保護を説く国立公園の建造であった。壊して燃やしてしまいたかったが、それには頑丈すぎた。」

「その山の名を心に刻んで登ってきた者に、なぜ頂上に山の名が必要だろう。」

「いつか越後の奥深い山へ行った。上まで二日もかかる道のない山で（略）美しい静かな頂であった。紙クズ、空カン一つ落ちていなかった。ただ一つ目障りなのは、どこかの山岳会が登山記念に立てて行った木片であった。私たちがそれを引き抜いて燃やしたことは言うまでもない。」

いずれも前掲書からの引用。久しく行ってないから伝聞だが、奥秩父甲武信《こぶし》ヶ岳の山頂には、

「デカデカした」山名標示と「日本百名山」の二つの木柱が立っているのだそうだ。「深田久弥の世界」とはおよそ正反対の所業であることはあきらかである。

深田久弥は、「頂上を神聖で清浄な場所として保ったのは、日本人の古い奥ゆかしさであった」というが、アルプス四〇〇〇メートルの山々にもマリア像や十字架がある。それは異教徒のわたしたちにも、山頂のもつ特別な世界を思い起こさせる。

＊

一方、山登りは、「山頂」を離れて、そこに至る道筋のあれこれにたのしみがあり、そこにこそ奥深い意味があるともいえる。そして山をめぐるさまざまな思索が生まれるのは、山頂ではなくそこへの過程でのことである。そうした山に登る世界を話題にするとき、目にする言葉のひとつに静観的な登山がある。

「くれぐれも誤解のないように注意して欲しいのは、静観的というのが、低い山歩きや、楽な山登りを指しているのでもなく、少しの危険もないような尾根すじや渓谷を、いつも哲学者や詩人ぶった態度で思索や瞑想に耽りながら歩いているという意味ではないということである。静観的というのは、山登りにおける激しい身体的な行動と、危険を含んだ肉体的な緊張感のみを享楽するに止まらずして、そのような行為を含めて、より豊かな心を以て自然を観照しようとする態度である。山登りが、単なる気晴らしの娯楽や健康のための運動である外に、もっと心に触れてくる何者かがある以上、それを出来るだけ深く掘り下げていこうとする態度である。山登りという実に近代的な特殊の経験を通じて、自然におけるいっぱん的なものに近づこうとする努力である。」

北大出身の生物・医学者で詩人でもあった伊藤秀五郎の「静観的とは」（『北の山』所収）の一部。こうして、山登りの世界は、山頂よりもむしろ樹林のなかの細い道筋に、あるいは険しい岩稜に、一夜を過ごす岩小舎に、山頂に至る一歩一歩の歩みのなかにこそ、広がっている。

「どんなありふれた人生の片すみにも、ひとそれぞれの、なつかしい、たいせつな思い出というものはある。ぼくらの岩小舎の思い出が、水を汲んだり、薪をあつめたり、火をおこしたり、いわばこの世のどこにでもあるような些細な生活のひと齣《こま》ひと齣でできあがっているとしても、首をかしげるにはあたるまい。山登りというものは、人間がふだん忘れている、いちばんたいせつな、いちばんつつましい幸福の条件というものを、よろこんで教えてくれるものだからだ。」

「山に登りはじめて、もう何年になるだろう。苦しかった山があり、こわかった山があり、さびしかった山があった。苦しい山や、こわい山にはめったに追い返されはしなかったけれど、さびしい山にはときどき敗けた。敗けて帰ったじぶんの弱さは、いつまでも肚にこたえた。」

「さびしい山になぜ行くのか。山はなにも答えない。問いは、こだまのように、同じ問いをひとの胸に返すだけだ。ぼくにはただ、じぶんがそれでもなお山に行くのをやめないだろう、ということだけがわかっていた。」

（山口耀久『定本　北八ッ彷徨』所収「岩小舎の記」）

＊

山頂は、このような道筋をかみしめた末にたどりつくところで、ひとつの独立した別世界である。そして——。

日本での近代登山開拓者のひとり木暮《こぐれ》理太郎は、一八九六（明治二十九）年、金峰山頂五丈石の下で、「茵《しとね》のようにやわらかいふっくりした青い岩高蘭《がんこうらん》や苔桃《こけもも》の中に身を埋めて、仰向けに寝ころんだまま、経文を誦する人声が耳に入るまで、長い間空を見詰めて考えに耽っていた。そして此時初めてしみじみと山を味うことを体得したのであった」と述べている（『山の憶い出（下）』所収「金峰山」）。

金峰山の山頂は、木暮理太郎にとって、山に開眼し、一種の宗教的な回心を得る場所となった。

「山頂にはその一つ一つに深い思い出が残っている。どれ一つ同じ頂上はなかった。（略）それぞれの個性をそなえていたが、しかしそこに立った時の思い出は一つであった。それはゲエテの詩にある通り「なべての頂に憩あり」。苦しい働きを終って目的を達した時の安らかな喜びであった。」

（深田久弥『瀟洒なる自然』所収「山頂」）

＊

山頂にあるのは安らかな喜び。それはまた時代と国を超えて普遍である。最後に、近代アルピニズムの偉大な先駆者であるイタリアのギド・レイの滋味あふれる文章をお贈りする。場所はドロミテの岩峰ラ・パラ・ディ・サン・マルティーノの山頂。文中のユーグ君とは、レイの親友で、『クオレ』の作者エドモンド・デ・アミーチスの息子。

「なぜ降りるのを急ぐのかね。もう少し、ここでゆっくりしようじゃないか、ユーグ君。頂上で過ごす静かな時間、それはなんとすばらしいことか。生涯の幾ときかを、雲にかこまれ、夢を見て過ごすなんて!」

(『アルピニズモ・アクロバチコ』所収「ラ・パラ・ディ・サン・マルティーノ」)

奥多摩・倉戸山

東京・高尾山南山稜

山の本歳時記　収録引用文献

＊本文に引用した作品収録の原著作名を記載した。
＊著作者名の五十音配列とした。
＊引用書目は引用時点での著作名と版（発行年）を記載した。
＊引用作品理解の補足に簡単な著者紹介を付した。
＊引用文献の一部に記載を省略したものがある。

朝比奈菊雄（一九一七―二〇〇三。旧制松本高校、東京帝大医学部薬学科卒、東京薬科大学教授など）
『アルプス青春記』実業之日本社、一九八三年
足田輝一（一九一八―九五。北海道帝大理学部卒。朝日新聞社「週刊朝日」編集長、出版局長など）
『雑木林の光、風、夢』文藝春秋、一九九七年
石川欣一（一八九五―一九五九。東京帝大、プリンストン大卒、毎日新聞社欧米特派員など）
『可愛い山』白水社、一九八七年
板倉勝宣（一八九七―一九二三。学習院、北海道帝大卒）
『山と雪の日記』中公文庫、一九七七年

伊藤秀五郎（一九〇五−七六。北海道帝大農学部卒、北大山岳部創設期の先駆者。札幌医大教授など。詩人）
『北の山』中公文庫、一九八〇年
今西錦司（一九〇二−九二。旧制三高、京都帝大卒、京大教授、岐阜大学長、日本山岳会会長など）
『山の随筆』河出書房新社、二〇〇二年
『私の自然観』筑摩書房、一九六六年
上田哲農（一九一一−七〇。水彩画家、教職、日本登高会）
『山とある日』中公文庫、一九七九年
『日翳の山　ひなたの山』平凡社ライブラリー、二〇〇〇年
浦松佐美太郎（一九〇一−八一。東京商大卒、一九二五年ロンドン留学、アルプスに登る。評論家）
『たった一人の山』平凡社ライブラリー、一九九八年
大島亮吉（一八九九−一九二八。慶應義塾大山岳部ＯＢ。前穂高岳北尾根で墜死）
『大島亮吉全集』全五巻、あかね書房、一九六九−七〇年
『［新編］山　紀行と随想』平凡社ライブラリー、二〇〇五年
尾崎喜八（一八九二−一九七四。詩人）
『山の絵本』岩波文庫、一九九三年
『尾崎喜八詩文集１　空と樹木』創文社（全十巻）、一九五九年
書上喜太郎（一八九八−一九三四。早稲田大山岳部ＯＢ、玉川学園教授、哲学）
「穂高星夜」『日本の名山10　穂高岳』博品社、一九九七年
加藤泰安（一九一一−八三。学習院、京都帝大卒、会社経営）
『森林・草原・氷河』茗溪堂、一九六六年
加藤泰三（一九一一−四四。東京美術学校（現東京藝大）彫刻科卒後教職、太平洋戦争で戦死）
『霧の山稜』平凡社ライブラリー、一九九八年

加藤文太郎（一九〇五―三六。会社勤務、槍ヶ岳北鎌尾根で遭難死）
『新編　単独行』山と溪谷社、二〇〇〇年
川崎精雄（一九〇七―。中央大山岳部OB、日本登高会、銀行勤務）
『雪山・藪山』中公文庫、一九八〇年
冠松次郎（一八八三―一九七〇。日本山岳会創期会員、黒部溪谷の開拓者、自営業）
『溪』中公文庫、一九七九年
『黒部溪谷』平凡社ライブラリー、一九九六年
北原白秋（一八八五―一九四二。詩人、歌人）
『白秋愛唱歌集』岩波文庫、一九九五年
串田孫一（一九一五―二〇〇五。東京帝大哲学科卒、東京外国語大教授、哲学者、エッセイスト）
「雨」（「山と高原」一九五九年九月号）
『串田孫一集　3　岩の沈黙』筑摩書房（全八巻）、一九九八年
『若き日の山』山と溪谷社、二〇〇一年
倉嶋厚（一九二四―。気象庁予報官、エッセイスト）
『暮らしの気象学』草思社、一九八四年
桑原武夫（一九〇四―八八。旧制三高、京都帝大卒、一九二五年、北岳・仙丈岳など積雪期登頂。京大教授）
『チョゴリザ登頂』文藝春秋新社、一九五九年
木暮理太郎（一八七三―一九四四。東京帝大哲学科中退、中部・上越山岳、奥秩父の開拓者。東京市史編纂に従事、日本山岳会会長）
『山の憶い出（上）』『山の憶い出（下）』平凡社ライブラリー、一九九九年
斎藤茂吉（一八八二―一九五三。歌人）
『斎藤茂吉歌集』岩波文庫、一九七八年改版

佐藤春夫（一八九二―一九六四。詩人、小説家）
「望郷五月歌」（『小杯余瀝集』所収）『日本詩人全集 17』新潮社、一九六七年
鈴木牧之（一七七〇―一八四二。越後塩沢の人）
『北越雪譜』岩波文庫、一九七八年改版
『秋山記行・夜職草』平凡社東洋文庫、一九七一年
スマイス（フランク・）（一九〇〇―四九。イギリスの登山家）
『キャンプ・シックス』伊藤洋平訳、朋文堂、一九五九年
関鑑子編『青年歌集』一、二、三編、音楽センター、一九五三年改訂―一九六一年
高村光太郎（一八八三―一九五六。詩人、彫刻家）
『高村光太郎詩集』岩波文庫、一九八一年改版
田部重治（一八八四―一九七二。東京帝大英文科卒、日本山岳会創期会員、中部山岳・奥秩父の開拓者。東洋大教授など）
『新編　山と渓谷』岩波文庫、一九九三年
谷崎潤一郎（一八八六―一九六五。小説家）
『陰翳礼讃』（「旅のいろ〳〵」）中公文庫、一九七五年／『谷崎潤一郎随筆集』岩波文庫、一九八五年
田淵行男（一九〇五―八九。山岳・自然写真家、エッセイスト）
『黄色いテント』実業之日本社、一九八五年
辻まこと（一九一三―七五。画家、エッセイスト）
『画文集　山の声』ちくま文庫、一九九一年
『辻まことセレクション 1』平凡社ライブラリー、一九九九年
辻村伊助（一八八六―一九二三。東京帝大農芸化学科卒、日本山岳会初期会員、一九一三―一四、スイス、スコットランドに遊学。関東大震災で奇禍にあい死去）

『スウィス日記』平凡社ライブラリー、一九九八年
デュアメル（ジョルジュ・）（一八八四—一九六六。フランスの作家）
『わが庭の寓話』尾崎喜八訳、ちくま文庫、一九九八年
寺田寅彦（一八七八—一九三五。物理学者、エッセイスト）
『寺田寅彦随筆集』全五巻、岩波文庫、一九六三年改版
戸野昭・朝倉宏編『山で唄う歌』茗溪堂、一九五六年—九九年新版
中谷宇吉郎（一九〇〇—六二。物理学者、エッセイスト）
『雪』岩波文庫、一九九四年
野尻抱影（一八八五—一九七七。早稲田大英文科卒、教職・編集者ののちエッセイスト）
『野尻抱影の本 1　星空のロマンス』筑摩書房（全四巻）、一九八九年
『星三百六十五夜（下）』中公文庫、一九七八年
ハーン（ラフカディオ・）（一八五〇—一九〇四。大学教員、エッセイスト）
『怪談』平井呈一訳、岩波文庫、一九六五年改版
半藤一利・荒川博『風の名前　風の四季』平凡社新書、二〇〇一年
深田久弥（一九〇三—七一。小説家、エッセイスト）
『瀟洒なる自然』『深田久弥 山の文庫 6　山頂の憩い』朝日文庫（全六巻）、一九八二年
『わが愛する山々』新潮文庫、二〇〇〇年
堀口大學（一八九二—一九八一。詩人）
『月光とピエロ』『日本詩人全集 19』新潮社、一九六八年
槇有恒（一八九四—一九八九。慶應義塾大卒、アメリカ、イギリス、スイスに遊学、会社経営、日本山岳会会長）
『山行』旺文社文庫、一九七三年／『槇有恒全集』1、五月書房、一九九一年

町田宗鳳（一九五〇―。ハーヴァード大修了、東京外国語大教授）
『山の霊力』講談社選書メチエ、二〇〇三年
松方三郎（一八九九―一九七三。京都帝大卒、スイス山岳会・英国山岳会会員、日本山岳会会長。共同通信などジャーナリスト、エッセイスト）
『アルプス記』平凡社ライブラリー、一九九七年
『山を楽しもう』築地書館、一九七五年
『アルプスと人』築地書館、一九七六年
『遠き近き』龍星閣、一九五一年
松濤明（一九二二―四九。東京農大、槍ヶ岳北鎌尾根で遭難死）
『新編　風雪のビヴァーク』山と溪谷社、二〇〇〇年
丸山薫（一八九九―一九七四。東京帝大中退、愛知大教授、詩人）
「北の春」『日本詩人全集27』新潮社、一九六六年
三田幸夫（一九〇〇―九一。慶應義塾大山岳部OB、インド在勤、日本山岳会会長）
『わが登高行（上）』茗溪堂、一九七九年／『山の旅　大正・昭和篇』岩波文庫、二〇〇三年
南川金一（一九四〇―。会社勤務、日本山岳会会員）
『山頂渉猟』白山書房、二〇〇三年
三好達治（一九〇〇―六四。詩人）
『測量船』『三好達治詩集』新潮文庫、二〇〇〇年改版
望月達夫（一九一四―二〇〇二。東京商大山岳部OB、銀行勤務）
『静かなる山』茗溪堂、一九七八年
百田宗治（一八九三―一九五五。詩人、児童文学者）
「どこかで春が」『日本の詩歌　別巻　日本歌唱集』中公文庫、一九七四年／『日本童謡集』岩波文庫、

一九五七年
安川茂雄（一九二五―七七。早稲田大卒、編集者、作家）
『回想の谷川岳』河出書房新社、二〇〇二年
柳田國男（一八七五―一九六二。東京帝大卒、民俗学）
『遠野物語・山の人生』岩波文庫、一九七六年
山口耀久（一九二六―。獨標登高会、エッセイスト）
『定本　北八ッ彷徨』平凡社、二〇〇一年／『北八ッ彷徨』平凡社ライブラリー、二〇〇八年／『山の旅　大正・昭和篇』岩波文庫、二〇〇三年
山田昇（一九五〇―八九。一九八五年、K2、エヴェレスト、マナスルに無酸素登頂・年間ハットトリック達成、一九八八年、チョモランマ縦走、シシャパンマ、チョーオユーと二度目のハットトリック達成〈史上三人目〉、マッキンリー＝デナリで遭難死）
『山岳』第八十一年号、日本山岳会、一九八六年

山本健吉（一九〇七―八八。慶應義塾大卒、文芸評論家）
『ことばの歳時記』文藝春秋、一九八〇年
芳野満彦（一九三一―。服部満彦。一九四九年十二月、八ヶ岳で遭難、凍傷で両足先を切断。前穂高四峰正面壁ほか積雪期初登、一九六五年マッターホルン北壁日本人初登）
『新編　山靴の音』中公文庫、一九八一年
ルナール（ジュール・）（一八六四―一九一〇。フランスの作家）
『ぶどう畑のぶどう作り』岸田国士訳、岩波文庫、一九七三年改版
『博物誌』辻昶訳、岩波文庫、一九九八年
レイ（ギド・）（一八六一―一九三五。イタリアの登山家）
「マッターホルン」『世界山岳名著全集』3、青木枝朗訳、あかね書房、一九六六年

『アルピニズモ・アクロバチコ』河合亨訳、朋文堂、一九五六年／近藤等訳、講談社文庫、一九七九年
レビュファ（ガストン・）（一九二一－八五。フランスの高山ガイド、エッセイスト）
『星と嵐』近藤等訳、白水社、一九八七年／集英社文庫、一九九二年／山と溪谷社、二〇〇〇年
若山牧水（一八八五－一九二八。歌人）
『若山牧水歌集』岩波文庫、一九六五年改版
渡邉玉枝（一九三八－。地方公務員退職）
『63歳のエヴェレスト』白水社、二〇〇三年

あとがき

「はじめに」の項で説明したように、季節の彩りの豊かな日本の山を本のなかに探し求めてみれば、また新しい山の姿が浮き出てきて、たのしい世界が味わえるのではないか。そんな思いから、季節の山と山の本とを結んでみた。歳時記という衣粧を都合よく流用させてもらったが、ことによると、こういう試みは山の本の世界では初めてのことなのかもしれない。

対象としたのは山の文章で、一般文芸の世界には踏み込まないという枠をはめてみた。焦点がぼやけてしまうと思ったからだが、山の雰囲気や情景を鋭く新鮮に凝縮しているいくつかの文芸作品に援けを求めることになった。季節とは直接関係のない世界に入り込んだこともある。結果として、季節の山を題材とする山の文章の一種のアンソロジーということになり、著作というよりも編著作というべきものになった。山と山の本とのからみでは、わたしはすでに『本のある山旅』（山と溪谷社、一九九六年）と、『山の旅　本の旅　登る歓び、読む愉しみ』（平凡社、二〇〇七年）を持っているが、図らずもこれで山と山の本とのかかわりを軸とした三部作《トリロジー》になった。前二著が山と本と人とを三位一体《トリニテ》のものとして扱ったとすれば、こんどは山と季節と本、ということになったが、そのいずれからも山と本との豊かで奥深い世界をたのしんでいただければありがたい。

初出は月刊誌「山と溪谷」二〇〇四年の一年間・十二回連載の「山岳書林閑歩《やまのほんそぞろあるき》」だが、「はじめに」と〈一月〉は新しく書き起こした。そのほかの月も加筆修整してある。〈九月・2〉は同誌二〇〇五年十月号掲載「山の名著に見る秋」を修整した。

季節の彩りをより広く味わえるように、新妻喜永さんから写真を提供していただいた。本文とは関係なく、それ独自で四季の山をたのしんでもらえるものとして構成をお願いした。また小泉弘さんには、前二著と同じファミリーとして装幀をまとめていただいた。さらに、出版界が多事多難な折、この企画を快諾してくださったナカニシヤ出版の中西健夫社長、さまざまな作業を手際よくこなしていただいた編集の林達三氏とあわせて、みなさんに心からの感謝を申し上げる。

二〇〇八年四月　　　　　　　　大森久雄

装幀＝小泉　弘

大森久雄（おおもり ひさお）
1933年、東京生まれ。早稲田大学文学部仏文科卒業。朋文堂、実業之日本社などで山、旅関係の雑誌・書籍の編集者生活を送る。退職後、編集事務所主宰のほか雑誌・書籍に原稿執筆。著書に『本のある山旅』（山と溪谷社）、『山の旅 本の旅 登る歓び、読む愉しみ』（平凡社）など。

写真・新妻喜永（にいづま よしのり）
1941年、東京生まれ。日本大学芸術学部写真学科卒業。『峠の四季』(東京新聞出版局)、『北八ッ逍遙』（山と溪谷社）、『花の山旅 日本アルプス』『東京付近のんびりゆったり山歩記』(実業之日本社)ほか。

山の本歳時記

2008年6月4日　初版第1刷発行

著　者　大森久雄
発行者　中西健夫
発行所　株式会社ナカニシヤ出版

〒606-8161　京都市左京区一乗寺木ノ本町15番地
電話　075-723-0111　FAX　075-723-0095
URL　http://www.nakanishiya.co.jp/
E-mail　iihon-ippai@nakanishiya.co.jp
振替口座　01030-0-13128

ISBN 978-4-7795-0262-0　C0075
印刷　ファインワークス／製本　兼文堂
落丁・乱丁本はお取り替えします。